素描沈尹默

村夫子技兔闉册教

得黄鹤邵读书能记蒙

求中一句百般娇婉了

憐渠 錦方获崔诗

辛卯立日

李岚清

"百年巨匠"素描 / 李岚清 绘

百年巨匠

Century Masters

沈尹默

沈长庆 ◎ 著

文物出版社

图书在版编目（CIP）数据

沈尹默 ／ 沈长庆著. —— 北京：文物出版社，2019.10
（2021.6重印）
（百年巨匠）
ISBN 978-7-5010-6220-1

Ⅰ．①沈… Ⅱ．①沈… Ⅲ．①沈尹默（1883—1971）
－传记 Ⅳ．①K825.72

中国版本图书馆CIP数据核字(2019)第162504号

百年巨匠·沈尹默

著　　者　沈长庆

总 策 划　刘铁巍　杨京岛
责任编辑　陈博洋
封面设计　子　旂
责任印制　张　丽
责任校对　赵　宁

出版发行　文物出版社
社　　址　北京市东直门内北小街2号楼
邮政编码　100007
网　　址　http://www.wenwu.com
制版印刷　天津图文方嘉印刷有限公司
经　　销　新华书店
开　　本　710mm×1000mm　1/16
印　　张　13.25
版　　次　2019年10月第1版
印　　次　2021年6月第2次印刷
书　　号　ISBN 978-7-5010-6220-1
定　　价　49.80元

宣传巨匠推广大师　为时代树立标杆

蔡武

文化部原部长　《百年巨匠》总顾问

　　文化精品创作工程包括重大出版工程、影视精品工程。《百年巨匠》就是跨界融合的一个重大文化工程，它深具创意，立意高远，选题准确、全面，极富特色，内容精彩纷呈，内涵博大精深，基本涵盖了我国 20 世纪这一特定历史时期在文学艺术方面的成就及其代表人物。它讲述的不仅仅是各位巨匠的传奇人生，更是他们的文学艺术成就同民族、国家，同历史、文化，同当代世界，同 20 世纪风云激荡的年代，以及同人民的命运都是紧密相连的。他们的成就对整个社会产生了重要而深远的影响。因此，立足 21 世纪的当今，系统全面科学解读巨匠人生与大师艺术，有着特殊而积极的意义，是社会和时代的要求。

　　作为一个有影响力的文化品牌，《百年巨匠》的表现形式也是多样的。《百年巨匠》丛书和纪录片互动互补，是出版界与影视界的跨界合作与融合发展，形成了叠加影响和联动效应，进一步丰富和扩大了品牌的内涵和外延。在信息社会"四屏"时代，用这样的一种方式来表达重大深刻的主题，具有重大的创新意义，是对中华优秀文化传承发展进行创造性转化、创新性发展的成功探索。体现出强烈的历史感、时代性、民族性，具有鲜明的中国特色，必将产生深远的影响。

一个民族自立于世界民族之林，离不开民族的自信心与自尊心。而民族的自信心和自尊心有其思想基础和人文轨迹，即对民族文化的重要代表人物和优秀传统应当有比较全面的了解并进行广泛传播。一个国家的历史需要记录，文化艺术同样如此。《百年巨匠》丛书秉承文献性、真实性、生动性原则，客观还原大师原貌，以更为宏阔的历史维度对大师们所经历的时代给予不同视角的再现和解读，为读者开启一扇连接 20 世纪中国近现代文化艺术史的大门。

巨匠们的艺术成就、人生经历、精神高度，彰显了中华民族文化在这个时代所能达到的高度，不仅有文学艺术上和文化史上的价值，而且有人文思想美学上的划时代性贡献。《百年巨匠》可以增强我们的文化自信和实现中华民族伟大复兴的意志。

《百年巨匠》还有一个重要意义，它能够激励我们后来人砥砺奋进，勇攀高峰。这些文化艺术巨匠有着深厚的爱国情怀和强烈的民族责任感，他们将个人荣辱兴衰与国家、民族命运联系起来，用文化艺术去改变现实，实现理想。在新旧道德剧烈冲撞中，他们所表现出来的高风亮节是后来人的楷模。他们所传导出的强大正能量，会激励一代又一代广大读者，对促进我们整个民族新一代的教育与成长，有着非常重要的启迪意义。他们的精神是引领和鼓舞我们再出发的航标与风帆。

《百年巨匠》也给了我们很多的启示，可以帮助我们回答和破解"钱学森之问"。20 世纪产生了那么多的大师，新世纪、新时期我们应该如何助推产生出新的大师？这些巨匠的成长轨迹给我们揭示了大师们成长的规律，如要深具家国情怀，要胸怀高远理想；要深深扎根于人民，与人民同呼吸共命运；既继承民族优秀传统文化，又要勇于创新；并以非常包容的心态去拥抱一切文明成果等。

《百年巨匠》仅反映了20世纪百年的文化形态和人文生态，我们应该把这个事业延续下去，面向21世纪。对艺术大师的发掘是通过他们的作品来体现的，而他们的作品既是中华文化的传承，又进一步丰富、创新了中华文化的构成。从这个意义上讲，宣传这些艺术巨匠就是弘扬中华文化。这些艺术巨匠作为中国名片，拥有较强的国际影响力，这一工程的推进，可以有效推动中华文化和中国出版走出去。不仅仅局限于艺术领域，还可以从广度上、外延上扩大至整个文化领域，甚至把科技、教育等领域的巨匠们也挖掘展示出来。

一个国家文化事业的繁荣与发展，既需要广大艺术家的努力，也需要大师巨匠的引领。宣传巨匠，推广大师，为时代树立标杆，无疑是我们责无旁贷的历史责任。巨匠之所以是巨匠，大师之所以能成为大师，是因为他们以具有强烈时代感和创新精神的作品站在了巅峰。而他们巨作的背后，是令人钦佩的工匠精神，这种工匠精神的发掘和弘扬在当下具有重要的现实意义。同时，这百年的文学艺术史已有的众多成果，从学术上也要系统总结。而长期以来一直困扰我们的一大难题，就是如何把这些重要的学术研究成果进行转化和再创造，使之成为可被大众接受、雅俗共赏的精品佳作。从这个意义上讲，《百年巨匠》丛书的出版也是非常值得赞许的。

当前，我们的文化艺术事业虽然取得了长足的进步，但是相对于时代的重任，人民的厚望，尚有作品趋势跟风、原创性匮乏、模仿严重等问题，希冀大家在《百年巨匠》作品中得到更多的启迪和感悟。

我们国家正处在重要的历史时期，为我们文艺创作提供了丰沃的土壤和广阔的空间。中华民族的伟大复兴，呼唤一切有为的文艺工作者，为繁荣中国特色社会主义文化、建设社会主义文化强国，奉献毕生的才华和创作热情，将高度的社会责任感和历史使命感化作文艺创作的巨大动力，创作出无愧于时代、无愧于祖国和人民的优秀文艺作品，让我们这个时代的文艺创作异彩纷呈，光耀世界。

目　录

引　言

　　《百年巨匠·沈尹默》，只是浮光掠影般介绍了沈尹默先生书法生涯的点点滴滴，较之其丰富多彩的人生，本书仅仅是个概述，限于笔者历史知识及文学功底水平有限，书法专业知识的欠缺，内中不少图片资料已历几十年甚至上百年，弥足珍贵，但清晰度已有所下降，舛误遗漏之处难免，敬请读者见谅。但是，我希望通过本书，可以为读者起到一些启迪作用。沈尹默先生之所以成为书坛百年巨匠，至少有两点值得我们，特别是青年读者很好地借鉴和思考。

　　一是沈尹默先生的成功虽然有先天的有利条件，但更多的是他比一般人付出了多出几十甚至几百倍的汗水，他的书法成就是在几乎没有师承，主要靠自学，尤其在几近失明的情况下，历经几次失败和挫折，以八十年如一日的执着精神取得的。他不断摸索科学执笔方法、刻苦地写字，并且将这一切心得和成果无私地奉献给自己的祖国和人民，就在去世前两个月还勉强支撑着病体写下"紫气东来""同此凉热"……他不只是用手，更是用心、用泪在写。希望早一天站起来继续工作，完成他所毕生热爱而又未竟的书法事业。

　　二是时代造就了沈尹默，而他又主动自觉融于时代大潮，紧跟时代前进，在书坛帖学几次衰微的情况下，毅然站在潮头，为振兴中国书法贡献了毕生精力。同时他还以自己一生的经历和经验告诉我们，要把继承和发扬中国书法和中华民族的前途命运紧紧联系在一起，书法艺术只有为人民大众服务、为社会主义服务才具有生命力。后浪推前浪，相信在当代的书法家和书法爱好者的努力下，一定会创作出具有"前人的法度，时代的精神，个人的风格"更多更好的书法作品出来。

2019 年 8 月 26 日

沈长庆于北京广安苑竹山书房

出生于祖父和父亲两代游宦的秦巴大山深处的沈尹默，青少年时期虽历经坎坷，却不乏文脉的传承。清康熙朝重臣徐葆光出使琉球王国，途经浙江湖州竹墩村曾有诗云：「秀结三凉竹有墩，风流百世衍云孙，联珠自具东阳体，才子从来聚一门。」一盛赞自元末以来竹墩村的「竹墩沈氏」不愧是「耕读传家，孝悌为本，诗书继世」的江南望族，而沈尹默正是「竹墩沈氏」第十八世。

竹墩沈氏印章的由来

沈尹默是我国近现代著名学者，教育家、诗人、书法家。沈尹默祖籍浙江吴兴（今湖州），1883 年 6 月 11 日出生于陕西省兴安府汉阴厅（今陕西省安康市汉阴县），1971 年 6 月 1 日逝世于上海虹口区海伦路 504 号。沈尹默原名君默，号秋明、匏瓜。斋号澹静庐、秋明室、石田小筑。

沈尹默在其书法作品中常常使用"沈尹默""尹默""竹溪沈尹默"等印章，除名章外，尚有秋明、秋明室、竹墩沈氏、竹墩村人、有竹人家、匏瓜、石田小筑等书斋、名号和闲章，以添情趣。一幅完整的中国书画，必配有作者的钤印，浓墨朱红，相得益彰。特别是"匏瓜"这方印章，沈尹默尤为钟爱，是他自篆印章之一，由其四子沈令昕操刀治印。世人不察，仅以为沈尹默长于书法而疏于篆刻，其实沈尹默早在 1923 年 4 月 23 日就被北京大学造型美术研究会聘为篆刻导师。匏瓜实为一种大葫芦，沈尹默所篆"匏瓜"二字为葫芦造型，匏字向上有弯弯的瓜柄，向下由两条延长的瓜丝巧妙围成一葫芦，瓜座脱底，敦厚稳重，印章设计整体白

沈尹默自用印"匏瓜"
（沈尹默篆，沈令昕刻）

沈尹默自用印"石田小筑"

沈尹默自用印
"秋明""秋明室"

然流畅，一如沈氏书法，使人在享受美的同时又给人以无限遐想。

古人常说"宁可食无肉，不可居无竹"。沈尹默爱竹，食竹，一生不吃猪肉，不止爱吃笋荪，还特地在居住的海伦路楼下两平方不到的小院内种了一簇竹子，观竹、赏竹、画竹，中国书画同根同源，但沈尹默绘画只钟情竹子，对画竹有一种解不开的情结。这一情结至老年愈加笃深。20 世纪 50 年代至 60 年代沈尹默曾作有多幅淡墨竹香图，其中一幅引用宋代诗人陈与义的《竹》，诗曰：

> 高枝已约风为友，
> 密叶能留雪作花。
> 昨夜嫦娥更潇洒，
> 又携疏影过窗纱。

沈尹默绘竹浓叶浅枝，题诗戏笔淡墨。充分表达了他的书品和人品同样是"正直清高，秀美飘逸"的。中国书

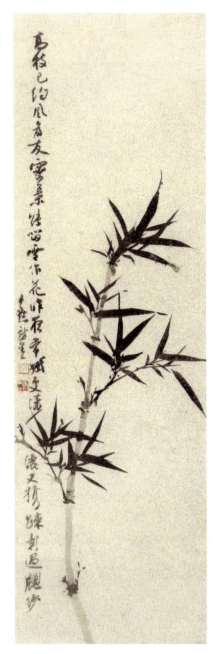

《墨竹》

《戏笔画竹》

法"晋尚韵，唐尚法，宋尚意，元明尚态"，这幅作品兼有晋韵与宋意，可谓是沈尹默绘竹咏竹的代表作。

1963年，沈尹默来到湖州，下榻湖州宾馆，甫就座便说要到

浙江湖州竹墩村寺前桥，始建宋治平二年，清乾隆五十三年（1788年）重修

隔壁的王一品斋笔庄看看，这是一间建于清乾隆年间的老店，前店后厂，做工精细，经理费在山曾多次征求过沈老对改进湖笔的意见。进入店后，他感慨万分地说："离别故乡已有46年，今日重返故里，真有少小离家老大回之感啊！"当场挥毫试笔，画下一簇风竹。沈尹默的青年时期好友张宗祥时任浙江省博物馆馆长，在竹旁添画一丛菊花，并题跋：

> 尹默画竹以书法出之，余画菊，既非画法亦非书法，真可笑也，留此笑迹在湖州供人大笑。

沈尹默见后，笑添一笔：

> 胸无成竹却画竹，
>
> 赖他黄菊补不足。
>
> 谓为清秋二友图，
>
> 阆老自谦也多余。

另一枚"竹谿沈氏"更是沈尹默常用印章，沈尹默之所以钟情于"竹"，追根溯源，是他的"根"在竹墩，他祖籍为现今浙江省湖州市南浔区竹墩村。"竹墩沈氏"是"吴兴沈氏"的重要支系，谱牒连绵，流传有序，迄今已经700多年。光绪甲申年（1884年）吴兴《竹溪沈氏家乘》为现存吴兴"竹墩沈氏"家谱较为完整版本。此家谱自西晋太康二年（281年）至光绪甲申年（1884年），历经1603年，14次纂修，该谱系截止到21世，作者为沈秉成。至2009年，沈氏已延续到104代。许多人只知道孔府家谱已有2500年近80代，其实沈氏家谱也是历史悠久。对人口社会学颇有研究的著名学者梁漱溟先生与沈氏后裔交谈时，就曾讲过"沈氏代系有103代，比孔子代系还长"的话。可惜的是沈尹默继承的家谱在"文化大革命"中遭到破坏，目前仅有残册七卷留存。

从大山中走来的少年

百年巨匠

Century
Masters

沈尹默
Shen
Yinmo

　　沈尹默的祖父沈际清年幼时居郡城（今湖州），与堂兄弟一起，从父读书。1839年（32岁）以优行廪生考取道光己亥科顺天乡试第一名（解元），乙巳（1845年）会试后，挑取誊录，遵例改归原籍，补国史馆誊录，议叙知县，后随左宗棠大军入陕，先后任绥德州知州、定远厅同知等职。父亲沈祖颐曾两任陕南汉阴抚民通判、定远同知等职，安家在汉阴，祖孙三代在陕南先后生活四十余年，因此，沈尹默兄妹六人均出生于汉阴。

　　少年时期的沈尹默是在陕南秦巴大山深处度过的，虽然远离了纷飞战火外患的侵扰，但同时也有"无良师请益，缺朋好交往"的不利环境。

　　汉阴地处汉水中游，是中原通往西北的要道，东西文化的交汇之地，历史文脉源远流长。据《安康地区志》等史志记载，今藏汉中博物馆被誉为汉隶翘楚的《石门颂》，其书写者即生长于汉

今日汉阴

右一沈尹默祖父沈际清、左一父亲沈祖颐，两代皆为诗书高手，清末前后任陕西定远厅同知等职，是沈尹默书法启蒙和领路人

阴下辖的西城县。汉唐以降，溯源正本，汉阴乃至陕南至今传统书风犹盛。"南宋安康书法甚为活跃，尤以碑版书法为盛"。"明、清时期，安康书法受宋元影响，行、草、隶、篆俱全。名家辈出，各具特色，是安康书法发展兴盛时期。清朝早期，以帖学为宗；至中期，碑学兴起；晚期，则盛行碑学。且传世书法作品颇多，精裱卷轴书法作品大量存世。一大批书法家活跃在安康书坛"。各家流派中欧字最受推崇。"从汉阴历代存留下来的牌匾、碑文亦可看出很重的欧体书法风格"。同时，陕南自古诗风、文风亦盛，传唱至今的民歌经久不衰，更有历代官吏的大量诗文留存，迁客骚人也多会于此，览物咏怀的诗文流传甚广，作为"安康首邑"的汉阴，文化积淀尤为深厚，编于20世纪40年代的《汉阴县志》，仅"艺文志"就有数十卷本。这样的人文环境对沈尹默的成长不无

百年巨匠
Century
Masters
沈尹默
Shen
Yinmo

近年在陕西汉中镇巴县鱼渡村发现的马宅大门沈际清题写的对联局部

门楣上方传说为沈祖颐的遗墨笔迹

裨益。且其祖父沈际清、父沈祖颐家学渊源，均为诗文高手，父亲书宗欧阳询，兼涉赵松雪，中年尤喜北碑。不可否认，这些都是促成沈尹默以后成为中国书坛巨匠的重要因素。

沈尹默自弱冠之年起即受家庭熏陶，喜爱文学与书法。5岁（1888年）入家塾，读《千家诗》《古诗源》《唐诗三百首》等，12岁始习书法，从欧阳询《九成宫醴泉铭》《皇甫诞碑》入手，对叶蔗田所刻《耕霞溪馆帖》最为欣赏，此帖自钟繇、王羲之以至唐宋元明清诸名家，皆略有选取，足资取法。于是沈尹默写字的兴趣也就浓厚起来。塾师崇拜黄自元的字，要他临黄自元所临的《九成宫醴泉铭》字帖。他遵师命，依样画葫芦。一次父亲见他临帖，便在仿纸上写了临欧阳询《九成宫醴泉铭》的字。

他看见父亲写的方严整饬，和自己的黄字临帖一比，立见雅俗，于是弃黄自元而直接取法欧阳询，兼习篆隶。15岁时遵父命将镇巴县正教寺高壁祖父所书《赏桂长诗》用鱼油纸双钩描摹下来，又书写了30把带骨的折扇扇面。虽然后来沈尹默认为早年学书曾走过弯路，但在陕南汉阴时期培养的对诗词和书法的浓厚兴趣，却决定了他一生的追求，并几乎塑造了他一生的性格。

　　沈尹默兄妹六人，相处融洽，小妹受兄姐疼爱有加。他们在汉阴读书习字，赋诗作文。课余之时，别无所好，或登汉阴城内文峰塔远眺百里山川，或访庙宇古碑寄情于山水。每当春秋佳日，兄弟姊妹，或翻凤凰山过汉江，前往定远（镇巴）县父亲的任所同游，抄录誊写祖父的《赏桂长诗》；或越秦岭沿子午古道至西安造访师友。在陕南秀丽的山水中，在汉阴宁静的山城中，在严

欧阳询《九成宫醴泉铭》

欧阳询《皇甫诞碑》

百年巨匠
Century
Masters
沈尹默
Shen
Yinmo

玉砌接於玉階茅茨續於
瓊室仰觀壯麗可作鑒於
既往俯察卑儉足垂訓於
後昆此所謂至人無為大
聖不作彼竭其力我享其
功者也然昔之池沼咸引

沈尹默临《九成宫醴泉铭》

汉阴三沈纪念馆

格的庭训中，在融洽的亲情中，沈氏兄弟姊妹受到良好的诗词、古文和书法等传统文化熏陶。

　　沈尹默在《酬兼士弟怀出居之作》中怀念与兄弟姊妹的情亲：

> 山城既多暇，况富少年情。
>
> 理乱怀未营，举家歌太平。
>
> ……
>
> 携手共言远，遨游无近林。
>
> 登城望云栈，川流带萦纡。

　　沈尹默的小妹不幸病逝早夭后，他有多首诗赋念及当年情景。

　　少年的沈尹默与长兄士远先生、三弟兼士先生为求学拜师，不辞辛苦背着包袱从陕南跨汉江越秦岭，出子午谷，一路经由杜曲、樊川来到西安。沈尹默曾做有两首诗词回忆这段难忘时光：

其一

稠酒熏人意兴佳，秦川风土尽堪夸，

依前杜曲通韦曲，别是杨家接李家。

开广陌，走香车，长安市上旧繁华，

欲从何事谈天宝，万古残阳噪乱鸦。

其二《西江月》

感忆儿时并南山晨出子午谷口，豁然见朝日于天地之际。

子午谷前日出，居然平视瞳瞳。

牛车历尘地天通，未觉风尘湏洞。

五十年来人事，催教老却儿童。

金乌来去已匆匆，莫更峰头迎送。

第二章 ｜ 江南秀水育秋明

祖父未及见面即见背，父亲积劳成疾中年早丧，家道从此中落。沈尹默出走大山，赴日留学，开阔了眼界，回国到浙江故乡教书谋生。江南秀水毓钟灵，诗书传情结志友。沈尹默交结了一大批后来在中国近代史上起到重大影响的、具有革命思想和追求进步的文人学者，如鲁迅、刘季平、陈独秀、钱玄同、苏曼殊等等。朋友间诗书来往，畅叙人生志向，沈尹默就此开启了一生的教育和书法生涯。

雅集灵峰《补梅庵》

百年巨匠
Century
Masters
沈尹默
Shen
Yinmo

沈尹默的父亲见背后，全家移居长安县。母亲彭佩芬娘家是个革命家庭。沈尹默舅父彭仲翔曾任新军陕西代表、陕军参谋长、靖国军旅长等职，后不幸牺牲，是辛亥革命烈士。母亲倾向革命，支持子女走向社会，接受民主革命新文化思想。她节衣缩食，鼎力支持沈尹默和沈兼士1905年自费赴日留学。九个月后，终因家境财力不支，沈尹默辍学回国。1907年沈尹默随同祖母、母亲回到沈氏故乡湖州，寄居远房叔父沈谱琴在承天寺的"鸿志堂"。这年沈尹默已经24岁了，无所事事，心情十分苦闷，偶尔为人书写扇面、风筝斗方等补贴家用，后得同乡俞寰澄介绍，结识周梦坡、蒋孟蘋等乡贤朋友，经常在一起吟诗作画，从此书艺大进。

沈尹默以工楷见长，上追魏晋风韵。多以细毫落笔，结体遒美，圆润带燥，雅俗共赏，但这是多年之后方才有的定论。沈尹默的书法，被文化部原副部长、鉴赏家徐平羽先生评价为"超越元、明、清，直入宋四家"。全国文物

1906年，摄于日本京都

鉴定小组组长谢稚柳先生认为"数百年来，书家林立，盖无人出其右者"。但是沈尹默的最早出道并且初露锋芒还是在他居住湖州不久的时候，当时沈尹默书写的风筝在商店橱窗刚一摆上就出售一空，不断有上门求书者。沈尹默这一时期存世作品仅有两方碑志，及部分扇面等为数不多的作品传世。

湖州承天寺一号老宅

碑志其一为《慈溪充和宓公墓表》，宣统二年（1910年）书，为现存最早的沈尹默书写的墓志铭。

另一方为《烈妇王氏流芳桥碑记》，位于湖州长兴县夹浦镇滨湖村外，这里原有名为蒋阜桥的古桥一座，1914年因表彰烈妇王禄（名人王毓奎之女），题此碑记立于桥侧，重建时改题"流

半壁亭

百年巨匠
Century
Masters
沈尹默
Shen
Yinmo

沈尹默三弟沈兼士早期扇面

沈尹默早期扇面

《慈溪充和宓公墓表》

芳桥"。沈尹默所书"流芳桥"三字至今依稀可见。

　　1909年，沈尹默经蒋孟蘋介绍到杭州高等师范学校教授"掌故史"，沈尹默开始步入"教书匠"职业生涯，生活有了基本保证，心情愉快。

　　闲暇时光沈尹默经常与三两好友，徜徉于江南的秀美山川中，时而同苏曼殊泛舟湖上，时而与刘季平（刘三）、陈独秀漫步湖山之间，这期间沈尹默创作了许多诗词，抒发了他热爱家乡的高尚情操，表达了他励志报国的远大志向。1919 年夏初刘三来言，惊悉苏曼殊(子谷)死，无比悲痛，作诗《刘三来言子谷死矣》以行草书之，这是沈尹默极少使用的，可以看出当时他书写时笔锋有力，速度极快，似疾风暴雨堪比历史上三大行书之一的著名的颜真卿《祭侄稿》。

苏曼殊去世后不久，沈尹默应周柏年之请，精心书写了《燕子龛遗诗》集，用以纪念当年好友。该诗集共收集整理了苏子谷诗词七十余首，后附录有沈尹默追怀苏曼殊的诗词。诗集由亚东图书馆出版发行，封面由戴季陶题写，扉页由蒋人杰书。

这一时期沈尹默创作的诗词多描写与好友诗酒相酬、风雨同舟的情景，如以下几首：

沈尹默书《燕子龛遗诗》

《泛舟湖上》

短舸微吟一栗身，
苍然烟雨眼中新。
亭前孤鹤去千载，
湖上游人历几春。
南国英灵枯树在，
古祠荒意野梅贫。
可堪沧海横流日，
来与闲鸥话苦辛。

《雨晴访芸生归而有
作因赠并寄寰尘》
曾共芸生寰尘游云

沈尹默

"五四"时期唯一保存至今的行草书《刘三来言子谷死矣》

巢过碧浪湖风大作，几覆舟

坐爱微凉一散襟，酒杯还与澹相寻。

闲身可饫风尘味，末俗难知道路心。

劫急一枰终扰攘，雨鸣连日暗销沈。

前头已试风波险，要与先生放浪吟。

百年巨匠

Century
Masters

沈尹默

Shen
Yinmo

《曼殊赠画属题漫写二韵》

张琴鼓天风，时答松涛响。

坐冷石床云，孤鹤将安往。

手翻手覆事难工。人哭人歌理自同。

漫倚高怀成酒病，不缘独驾识途穷。

纸明窗暖虫争日，人去廊回叶转风。

独抱遗芳向江海，故人怜我未须东。

《题曼殊画册》

卖酒垆边春已归，春归无奈酒人稀。

剩看一卷萧疏画，合化荒江烟雨飞。

脱下袈裟有泪痕。旧游无处不伤神。

何堪重把诗僧眼，来认江湖画里人。

《湖上杂诗》

江潮与湖水，两地不相逢。

绣裙双蛱蝶，何处着夫容。

湖风拂郎面，湖水见侬心。

郎面有寒暖，侬心无浅深。

二十好男儿，飞马高楼下。

何处蹴香尘，秋娘坟上土。

次年，好友周梦坡在杭州灵峰营屋三间取名《补梅庵》，并建有亭台楼阁，种植梅树 300 株。年底苏东坡诞辰日，周梦坡燕集灵峰补梅庵，沈尹默与戴子开（启文）、褚伯约（成博）、褚稚昭（成昌）、沈衡山（钧儒）等 14 人皆至。沈尹默曾有多首诗文记述灵峰雅集之盛。

钟梅人不见 花发逐飞尘古
寺鼍烽火清尊失主宾荒凉
成漭地辛苦宽就妻孥好
同居士乘百校新

现存较早的一幅沈尹默行书

1910 年，沈尹默居住杭州时抄录唐人诗扇页，
以调侃心态赠妻子朱芸把玩

百年巨匠

Century
Masters

沈尹默
Shen
Yinmo

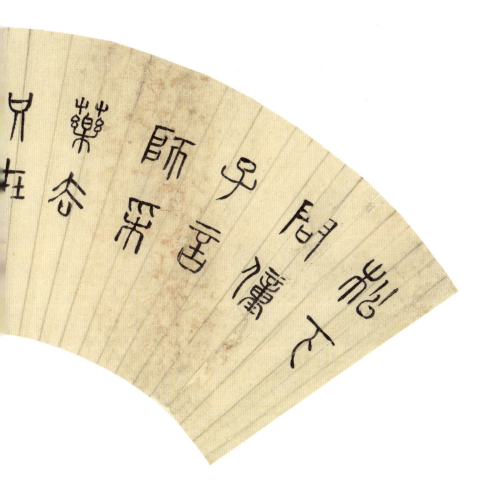

沈尹默追记早年与周梦坡的交游

下面这首《题灵峰寺补梅庵》为其一也：

凌虚靡劲翮，逍遥陕八荒。

霜雪交四序，冥色生高堂。

坐阅尘世人，忧艰竞侯王。

渊渊山水理，于兹异炎凉。

诛茅媚穹谷，怀哉此周行。

高名今见殉，寂寞岂其常。

沉沦既不易，萌志即高翔。

昔闻市朝隐，今见丘山性。

循隙遵荒途，服御迫从政。

高怀缅前修，惊志崇逸行。

灵峰何年辟，山寺弥幽夐。

故老厌喧嚣，颇言寄觞咏。

风雪满天地，不踏孤山径。

寒葩岂终荣，根枯随岁竞。

三椽写新构，百树复前盛。

障岩修竹密，凿土方池净。

惬心在寓目，苍翠深相映。

栖止爱长夏，非必悦冬令。

沈冥契妙理，世缘绝将迎。

幽籁发清虚，知情信予圣。

少欲决世网，叔季郁忧心。

嘉遁讵不念，岁月坐浮沉。

淹留力事蓄，尘秽愧书琴。

乡邦佳山水，及兹颇幽寻。

出意埃壒内，微尚感苔岑。

清赏寄高咏，逸情美薄斟。

仁德乐崇峻，林峦理致深。

岂要通俗韵，烟霞饷知音。

嘒嘒新蝉响，冥冥灌木阴。

良候伊可怀，当风愿投簪。

　　沈尹默居住杭州时，由于基本生活有了保证，心情舒畅，与好友诗书相酬，吟诗作赋。沈尹默自幼善作诗词，尤爱李杜，取法宋代陈简斋和唐代杜甫，上溯阮陶《楚辞》，下及荆公、山谷、诚斋、放翁，所作诗词转益多师，不拘一格。沈尹默此期间为家人、朋友书写了不少扇页、条幅、中堂，但早期作品多已散逸，本书此章选用的扇页为1910年左右所作，是他早期存世不多的作品。

南社知音交挚友

百年巨匠
Century
Masters
沈尹默
Shen
Yinmo

1908 年沈尹默到杭州两级师范任教不久，年底就发生了新旧学派斗争（"木瓜之役"），沈尹默朋友张宗祥（冷僧）是新派学者的主要代表人物之一，最终新派取得了胜利，参加斗争的浙江两级师范学堂教员后于杭州小营巷酱园弄 12 号湖州会馆合影留念，当天张宗祥、周树人、朱希祖、许寿裳等人悉数参加，沈尹默因故未到。后来，鲁迅在 1910 年 11 月 20 日与许寿裳通信中谈及"木瓜之役"墨迹及释文时，在书信中多次提起沈尹默。沈尹默之兄士远及弟兼士亦先后在此任教，现该校建有当年这些教师的塑像。

这一期间，沈尹默还结识了刘季平（三）、马玉藻、陈独秀（仲甫）、章士钊（行严）、马一浮（湛翁）、柳亚子、沈钧儒、周作人、钱玄同等人，他们大都是与沈尹默志同道合的朋友，并具有出国留学经历和早期资产阶级民主革命思想，立志改变落后的中国面貌。

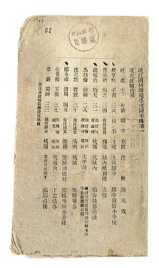

杭州两级师范学校花名册

其中，与刘三交往较早，时间较长。刘季平人称"刘三"，原名钟龢，字季平，别字离垢，曾自署"江南刘三"，晚号"黄叶老人"。刘三长沈尹默五岁，1878 年出生于上海近郊华泾县一个商人的家庭。他自幼学习刻苦用功，以诗

文驰名，尤工书法，21岁时便经
县试被录取为县学生员，人称青
年才子。刘季平虽然出身优越，
但为人正直，路见不平挺身而出。
由于刘三胸怀侠义，快人快语，
常有奇行。1903年5月，青年革
命家邹容出版了《革命军》一书，
由章太炎作序，章士钊题签，被
誉为"国民教育的第一教科书"。
《革命军》的自序刊登在章士钊主
笔的上海《苏报》上。6月29日，
《苏报》发表章太炎的《驳康有为

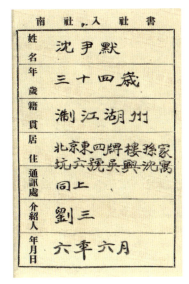

沈尹默填写的南社入社书

论革命书》，第二天章太炎即遭清政府逮捕入狱，邹容出于义愤，
自动投案，被毒死狱中。邹容遗体弃置在"化人滩"荒冢地，就是
这个刘三，冒杀身之祸，将邹容遗体偷运回自己的住所黄叶楼，为
其营葬。章太炎感慨道："刘三真义士，愧杀读书人。"为此，沈尹
默曾称赞他：

《简刘三》

清新词句赋江南，濩落随人谏苦甘。

诗酒正堪驱使在，弥天四海一刘三。

八分能写令阿买，凡鸟真成不敢题。

物论他年争得免，纷纷野鹜与家鸡。

　　1917年6月沈尹默由刘三介绍正式填表加入南社，后来，沈
尹默与南社的挚友始终保持来往。

　　今年时值南社成立110周年，南社发起人陈去病外孙张夷先

1963 年，西泠印社建社 60 周年纪念合影。图中前排右起依次为：唐醉石、张宗祥、马一浮、沈尹默、邵裴子、许钦文。中排右起依次为：钱君匋、沙孟海、方介堪、金越舫、高络园、阮性山、潘天寿、傅抱石、王个簃、孙晓泉、诸乐三。后排右起依次为：陆维钊、方去疾、吴朴堂、秦康祥、高式熊、叶潞渊、朱醉竹、韩登安、童雪鸿、吴振平、钱镜塘、罗卡子、褚保权、丁吉甫、吴寅

生至今还保存着当年沈尹默的入社书。1963 年西泠印社召开建社 60 周年大会，南社和西泠新老社员在杭州欢聚一堂，沈尹默、马一浮等老南社社员正式加入西泠，那是一次老友们差不多经过半个多世纪分别的重逢，谈今论古，其乐融融。

此次会议通过了西泠印社新的《西泠印社章程》，选举产生了近 20 人组成的首届理事会，选举张宗祥先生为第三任社长。自此，西泠印社恢复了雅集活动。

蔡元培执掌北京大学后，鼎力革新。沈尹默积极参与，周作人说：「沈君则更沉着有思虑，因此凡事退后，实在却很起带头作用。」沈尹默积极参与新文化运动和五四运动，是《新青年》编委之一，他发表的《月夜》被誉为中国近代历史上第一首新诗。一九一七年十二月二十一日他主导建立的《北京大学书法研究社》开创了以「昌明书法，陶冶性情」为宗旨的群众性书法活动的新时代。

最早的书法研究会

关于沈尹默进入北大任教的缘起，他自己是这样说的：

大约在1912年春节，许炳堃来访，谈及京师大学堂已改名为北京大学，严复（又陵）校长去职，由工科学长何燏时代理校长，预科学长是胡仁源。胡也是浙江吴兴人，在日本仙台高等学校留过学。何、胡都是许炳堃的朋友。据许炳堃说，在那以前，中国留学生在日本正式大学毕业的只有两个人，其一即何燏时。那天闲谈时，许炳堃告诉我："何燏时和胡仁源最近都有信来，燏时对林琴南教书很不满意，说林在课堂上随便讲讲小说，也算是教课。"我笑着说："如果讲讲小说，那我也可以讲。"我当时不过是随便讲讲罢了，不料炳堃认起真来，他说："啊，你能讲，那很好，我介绍你去。"我还以为他也是随便讲讲的，就没有放在心上。过了一个多月，许炳堃忽来告诉我，何燏时、胡仁源电报来了，约我到北大预科去教书。我出乎意外，连忙说："我不能去，我不会讲话，教不了书。"炳堃着了急，他说："那不行！人家已经请了你，不能不去。"何燏时、胡仁源为什么要请我到北大去呢？当时，太炎先生负重名，他的门生都已陆续从日本回国，由于我弟兼士是太炎门生，何、胡等以此推论我必然也是太炎门下。其实，我在日本九个月即回国，未从太炎先生受

业，但何、胡并未明言此一道理，我当时也就无法否认，
只好硬着头皮，挂了太炎先生门生的招牌到北京去了。

对于老北大的革新，蔡元培在《我在教育界的经验》中讲道：
"北大的整顿，自文科起，旧教员中如沈尹默、沈兼士、钱玄同诸
君，本已启革新的端绪，自陈独秀来任学长，胡适之、刘半农、周
豫才、周启明诸君来任教员，而文学革命、思想自由的风气，遂大
流行。"

1917 年 1 月蔡元培执掌北大，蔡和沈的初次见面很有些让沈
尹默觉得有点意外，蔡先生就职北大校长的第三天，当时沈尹默
正在译学馆教室上课，门房突然来告沈尹默说有一位蔡先生来找，
沈尹默大吃一惊，一则是二人素昧平生；二是蔡的名气已经很大，
又长沈 15 岁，阅历、世故远在沈之上。但是这次谈话十分恳切认
真，据沈尹默回忆，当天谈话的情景是这样的：

1917 年，蔡元培（左前六）沈尹默（左前七）在北大三院译学馆

百年巨匠
沈尹默
Century
Masters
Shen
Yinmo

沈尹默为《香奁集》所作序言

刘半农点校《香奁集》封面，
沈尹默为之题签

蔡说："你的话对，你的意见是怎么办呢？"我说："我建议您向政府提出三点要求：第一，北大经费要有保障。第二，北大的章程上规定教师组织评议会，而教育部始终不许成立。中国有句古话：百足之虫，死而不僵。与其集大权于一身，不如把大权交给教授，教授治校，这

魏故使持節都
督洛瓬州高祖
恊玄亮晉侍中
尚書左僕夫人
彭城曹氏父義
太倫晉侍中徐
州司空義陽祖
暢仲遠晉中書
令金紫光祿大
建平父雍淋和
皇魏使持節侍
中都督楊豫瓬

徐四州徐豫奠
三州刺史東安
簡公夫人琅耶
王氏父公諱遵
字奉國勃海饒
安人也姓氏之
興錄於帝畜中
葉廣淵謨明有
晉祖父以忠蕭
恭懿聯輝建俟
所見者世注傳
之外不復銘惟
幽泉也公稟惟
岳之靈挺基仁

之德忠以小節
而求名無辜譽
以眩世少能和
台衡惠霑千里
道懋槐連清風
遠被徽音播遂盈
日登農貳播稼
是司魏巍高廩
禮教將怡邊城
侯捍戎泯佇治
秉祐蕭董牧宣
威方卝剋疪燕
奭趙齡庶乗其

沈尹默临《刁遵墓志》

沈尹默收藏的《苏孝慈墓志》

《苏孝慈墓志》上的沈尹默印鉴

样，将来即使您走了，学校也不会乱。因此我主张您力争根据章程，成立评议会。第三，规定每隔一定年限，派教员和学生到外国留学。"

蔡元培很快采纳了沈尹默提出的三点建议，北大一改沉闷的老学究空气，由于蔡元培十分重视美学教育，北大先后成立了美术、音乐、书法、文艺研究等社团。

蔡元培先生创办书法研究会有两个目的：一是要将书法艺术列入美育的内容，二是希望美术、书法能得到科学之助，以科学推动书法艺术的迅速发展。他说："美术则是音乐之外，如国画、书法等，亦较为发达。然不得科学之助，故不能有精密之技术，与夫有系统之理论。"他还认为："为应用起见，自然要写行楷，若如江艮庭君的用篆隶写药方，当然不可；若是为人写斗方或屏联，作装饰品，即写篆隶章草，有何不可。"蔡元培将书法列入美育，对后来中国书法艺术的发展和学校书法学科的开设等产生了重大的影响。

1917 年 12 月 21 日北京大学书法研究会成立，此后 1923 年又成立了造型美术研究会，将篆刻纳入其中。两会聘请沈尹默、马叔平、陈师曾等人担任导师。在北大各个研究会当中，以书法研究会开展活动最早，参加人数也最多，研究会制定了活动章程，以"昌明书法，陶养性情"为活动宗旨。参加的学生有罗常培、俞士镇、杨湜生、薛祥绥等人，后又推举杨湜生、薛祥绥为执事，负责日常工作，定期组织活动，购置了字帖，固定了红楼一层 13 号为社址。沈尹默又帮助选购了各种碑帖，各位导师

沈尹默书写的原国立北京大学校牌

百年巨匠

沈尹默
Shen
Yinmo

Century
Masters

负责"指点途径，评骘成绩"。社内有各种碑帖供社员借阅参考，陆续举办了多次演讲，如借文科第二教室由沈尹默演讲了用笔的方法等书法知识。北京大学书法研究会的建立结束了几千年来书法私相传授的历史，首开了成立中国书法组织的先河，首开了书法教育在群众中普及的先河。当年北京大学第一、二、三院的牌匾以及各教室名牌均由沈尹默书写。抗日战争爆发后，红楼成了日本宪兵司令部，这些牌匾均遭破坏。

刘半农　钱稻孙　沈尹默　蒋梦麟　陈师曾　姚茫父　金城　　徐悲鸿

北大造型美术研究会第一周年纪念合影

　　1923 年 10 月北大书法研究会、北大画法研究会合并组成了北大造型美术研究会，1924 年 4 月举行了成立后的一周年纪念会。导师和部分会员参加，合影图中前排就座的为导师，自左起为刘半农、钱稻孙、沈尹默、蒋梦麟、陈师曾、贺履之、金城等。

　　为更好地开展书法篆刻研究工作，沈尹默也积极参与北大其他的学术研究，如担任《北京大学征集全国近世歌谣》征集主任以及参与历史、音韵、文字等方面的研究活动，从而使得北大的不少同仁也积极支持书法研究社的工作，刘三、钱玄同、马衡等人

1925年2月25日，沈尹默等人为去西北考察的陈万里送行

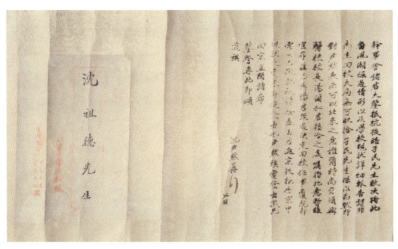

沈尹默以评议会代表身份赴杭州挽留蔡元培返校给评议会（干事会）信件，原件底稿已经灭失，此件为当年影印件装裱

参与选字帖、开演讲，使得北京大学的书法活动开展的有声有色。下图是沈尹默参加国学门座谈西北考古研究后于 1925 年 2 月 25 日为去西北考察的陈万里送行。图中人名为陈万里亲笔标注。

　　五四运动后，蔡元培受排挤离校出走，沈尹默受北大评议会委托特地到杭州面见蔡元培，请其返校并致信挽留，但始终未果。但北大开创的书法研究和建立书法组织的传统则一直延续至今。

《月夜》及白话诗

　　沈尹默是一位诗书双馨的艺术家。诗言志，诗传情，古今中外概莫能外。沈尹默一生不曾写过日记，但是他每遇大事，有感而发，必书以诗词，明志抒情，"五四"时期亦如此。近代诗人康白情曾讲过"五四"时期第一首散文诗是沈尹默的《月夜》，这首诗具备新诗美德，且只可意会而不可言传。从时间上来看，《新青年》最早发表白话诗的是胡适，时间是 1917 年 2 月《新青年》二卷六号，是胡适的《朋友》（后改名蝴蝶）等八首，但为什么讲不是第一首呢，近年来学界的研究表明，这八首不仅是因为沿用了旧诗格律，更主要是胡适当时远在美国，他的诗中所叙述的其人其事与当时的国情大相径庭。而《月夜》则是沈尹默于 1917 年末创作的。这首诗表现了诗人，也就是"五四"前后那一代知识分子，独立不倚的坚强性格，以及追求思想自由与个性解放的奋斗精神。《月夜》全诗仅四句 31 字：

> 霜风呼呼地吹着，
>
> 月光明明地照着。
>
> 我和一株顶高的树并排立着，
>
> 却没有靠着。

　　有人说这首诗意喻当时的中国正处在半殖民地半封建社会，其生存环境正如诗中所描述的冬天里的"月夜"一样严寒。显然，这种表述并无不适，只是过于空泛。实际情况是沈尹默创作此诗

百年巨匠
沈尹默
Century
Masters
Shen
Yinmo

已任教北京大学五年，深痛老北大的阴沉暮气，1917 年 1 月 4 日蔡元培就任北大校长，采纳了沈尹默提出的北大改革的三点建议，当月沈尹默在琉璃厂巧遇老友陈独秀，后经沈尹默"三顾茅庐"的劝说，应蔡元培之邀，陈独秀于 1 月 13 日被教育部任命为文科学长并把《新青年》带到了北京，"一人（陈独秀）一刊（《新青年》）"使得北大出现了前所未有的新气象，这其中沈尹默起到了不可或缺的作用。同年 2 月出版的《新青年》第二卷第六号陈独秀发表了《文学革命论》，吹响了新文化革命的号角，7 月张勋复辟，蔡元培出走，由于北大评议会已经执掌实权，北大保持了独立稳定，出现了从未有过的独立自主的教授民主治理大学的大好局面。正是在这样一种形势下，从东城什坊院 36 号到三院上班，早出晚归经过南河沿北河沿的北大河。1917 年的北大三院是沈尹默上班的教室所在地，当时北大新楼（即后来人们习称的"红楼"）尚未投入使用，沈尹默是年创作《月夜》中的景物原型当属此处。

　　沈尹默时寓居北京东城什坊院，《新青年》四卷一期的三首

《月夜》描写的外景

民国初年曾入选小学教科书的《三弦》

《鸽子》《人力车夫》《月夜》新诗既是他当时实际生活的写照，也是他对社会的领悟和感受。沈尹默是年在北大预科教授唐诗，当时北大预科在东城北河沿译学馆，每天要经过南河沿、北河沿，这两条连贯的大街所谓称之为"河沿"，是因为那时有一条北大河，沿河有一面矮矮的红墙，墙内即为南、北河沿。深秋夜的北京，虽然寒风袭人，月色冷峻，但是看到河边矗立着一棵棵高大的树木，挺拔而坚韧，沈尹默内心却十分欣慰，他联想到一年来的人事变迁，北大出现的大好形势，不由提笔写下了这首《月夜》，虽然外有军阀混战，内有校长外出，但是，一个独立自主的新北大已经诞生，就像诗中所写的那样："我和那一株顶高的树并排立着，却没有靠着。"

认为"五四"时期白话新诗开创者是胡适博士，甚至是郭沫若的大有人在。的确，沈尹默和这位博士都写白话诗，早期写新

百年巨匠

Century
Masters

沈尹默
Shen
Yinmo

沈尹默书"月夜"二字

诗的还有俞平伯、刘半农、陈独秀、沈兼士等等，写作的时间大约都是 1917 年前后，所不同的是沈尹默的白话诗不像这位博士的"诗"那么直白，白的像白开水。沈尹默白话新诗与博士有三点不同，一是好似沈尹默性格特征，含蓄内敛，诗的意境深远，耐人寻味。二是沈尹默新诗词创作基础来自于多年对中国古诗词的研究，因而有诗的韵律。三是沈尹默的新诗描写的全是当时社会现实的人、物、景，深刻反映和抨击现实的社会问题，争取独立自由之人格。所以后来研究诗词的行家们像康白情、废名认定"五四"时期真正称得上是诗的，称得上是第一首的白话文新诗应当是沈尹默写的《月夜》。而博士的"诗"充其量不过是用西方诗的格式写的东方白话文而已。

白话诗古已有之，"五四"白话诗之所以称为新诗，绝非体例，而是新在提倡"民主、自由、独立"之人格，在于其反帝反封建的革命精神。诗词不外励志、抒情。沈尹默的白话诗按照内容可分为四类：一类不外是对社会底层劳动者的同情，比如：《人力车夫》《三弦》《赤裸裸》《热天》；有一类是对亲人和朋友爱的抒发，比如：《小妹》《除夕》《刘三来言》；有一类是以景寄情，比

如:《月夜》《月》《雪》
《大雪》《耕牛》《落
叶》《白杨树》《秋》
《生机》；还有一类是
以拟人的手法对社会不
公的反抗，比如:《鸽
子》《宰羊》《公园里
的二月蓝》。民国九年
（1920 年）5 月 26 日
蔡元培先生作《秋明室
诗词稿序》，序中对沈
尹默的白话诗评价为:

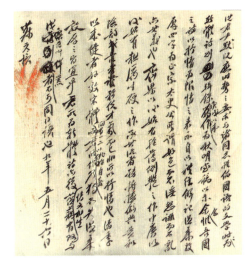

蔡元培对沈尹默新诗的评语

> 沈君尹默既应时势之要求，与诸同志提倡国语的文
> 学，时时为新体诗……宜乎君所为新体诗，亦复蕴有致，
> 情文相生。

蔡先生当时认为沈诗"和嚣陵浅薄之流绝殊"，后此序文蔡
先生所存底稿广为流传，有多处涂改，最后一句几经修改落笔为
"与浅薄叫嚣者不可同日而语也"。

近来查阅沈尹默回忆资料，当年蔡元培书写此评语时有一段
故事，关于沈尹默和蔡元培为何涂改这段文字的谈话，沈尹默原
文是这样写的:

> 序文写好后，我指着这一句对蔡先生开玩笑说不太
> 敦厚，蔡先生摸了摸下颚，未发一言。不久我即出国到日
> 本京都大学进修，直到 1925 年 1 月才将历年诗稿整理辑
> 作两册，拟采用蔡先生这一序文，此时方想到此句中所

第三章 革新老北大 创立新文化

指，后得鲁迅先生的点醒方才知道指的是胡适，我听了有些犹豫，觉得这样公开了对胡适不好，大家都是一个阵营的同志，总以团结最为重要。所以在交书局出版时，就自作主张撤下了蔡先生的序文，也没有选用"五四"白话诗，而是仍以旧体诗词为主。

民国十八年（1929年）12月北京书局印行沈尹默的《秋明集》上下两册出版时既无前序也无后记。后来，沈尹默保存的此序文原稿在重庆轰炸时，因频繁搬家连同不少书籍资料一同遗失了。至于沈尹默"总以团结为最重要"的愿望终究也没有实现，这个"阵营"逐步分化。"五四运动以后，北大自蔡先生而下的知识分子，或左，或右，或独善其身，或趋炎附势，或依违两可、随世沉浮。"正如大浪淘沙，沈尹默最终走上共产党领导的现代知识分子的正确道路。而胡适、傅斯年等与沈尹默"势同水火"，终于堕落为蒋介石的"反共"御用文人。

沈尹默自喻为「一介教书匠」，一生热衷于教育事业，提倡「教与育」并重。一九一七年我国首创以法语为外语教育的孔德学校，他是主要创办人之一，名义上学校有法国的庚子赔款，实际微乎其微，「学校无日不在困难之中」。在北京生活和教书的十九年时间里，工余之暇不废临池，取法北碑，除媚去俗，自此腕下有力，直到晚年，年逾七旬竟然还可托起十多岁的养子。

孔德非孔子之德

　　曾担任北大教授的沈尹默却常说自己是没有上过学的，获得知识的方法主要靠自学，实际上，他学习书法也是如此。沈尹默一生当中，课余或公余之外，每日上午 9 点开始必定一边吟诵要写的诗词，一边研墨，然后或临帖，或自作诗，或写作一直到中午，即使来客谈话也手不停歇，下午读帖或与人交流，一生刻苦80 年如一日。有一件事即可佐证他学书的刻苦程度。沈尹默少年时代由于眼睛屡发沙眼，未能及时治疗，经常因眼疾生病，直到老年每天清晨要用一小玻璃杯洗眼。后来由于用眼过度，因而患有高度近视。1910 年他因事到上海，在静安寺乘坐有轨电车，下车时眼睛看不清轨道，不小心跌了一跤，造成右臂骨折，在半年多的养病时间里，他仍然坚持用左手写字，现在这幅字已经成为孤品仍保留在世。

沈尹默左手书作

沈尹默题写的《北京孔德学校旬刊》刊头

　　然而，没有接受过完整的中小学教育的沈尹默对办教育却独具情钟。1917 年，沈尹默与蔡元培、李师曾、马玉藻、钱玄同、周作人等人共同创办了一所以法语为主要外语的全日制的"孔德学校"，他把这所学校亲切地称之"咱们自己的学校"。

　　孔德，不少人以为这校名取自"孔圣之德"，是崇拜孔子的尊经复古学校。也有人看到孔德学校的不少课本都是法文课本，还以为这是一所法国天主教创办的教会学校。

沈尹默题写的《孔德月刊》刊头

　　其实，1917 年兴办这所学校时正是五四运动的前夕，该校不仅不崇孔，而且要反帝反封建"打到孔家店"。由蔡元培、李石曾、沈尹默等一批具有革新思想的北京大学教授，在北京东城方

1920年，孔德学校教职工合影，中排右一为刘半农，右五为沈尹默

巾巷的华法教育会的会址创办了一所新型学校 —— 孔德学校。校名取自法国实证主义哲学家Augueste Comte的姓"孔德"。办这所学校既解决了当时北大教师子弟迫切的读书问题，又面向社会开办一所平民学校。学生有蔡元培的女儿、马玉藻的女儿、钱玄同的儿子、李大钊的子女、沈尹默的子女和周作人的子女等等。1917年12月25日正式开学。学制是初小四年，高小二年，中学四年，共十年。1924年增设大学预科两年，学制共12年。同年还成立了幼稚园。孔德学校的学生从小学五年级起就学法文，毕业后可以赴法国里昂中法大学深造。

孔德学校成立时名义上校长是蔡元培，日常主持工作的是沈尹默，人们称之教务长或"学长"。1918年，沈尹默、马幼渔、钱玄同、陈大齐等以"新教育研究会"的名义，编写出孔德小学一年级学生用的国语课本。课本的内容有短语、儿歌、故事等，每个生

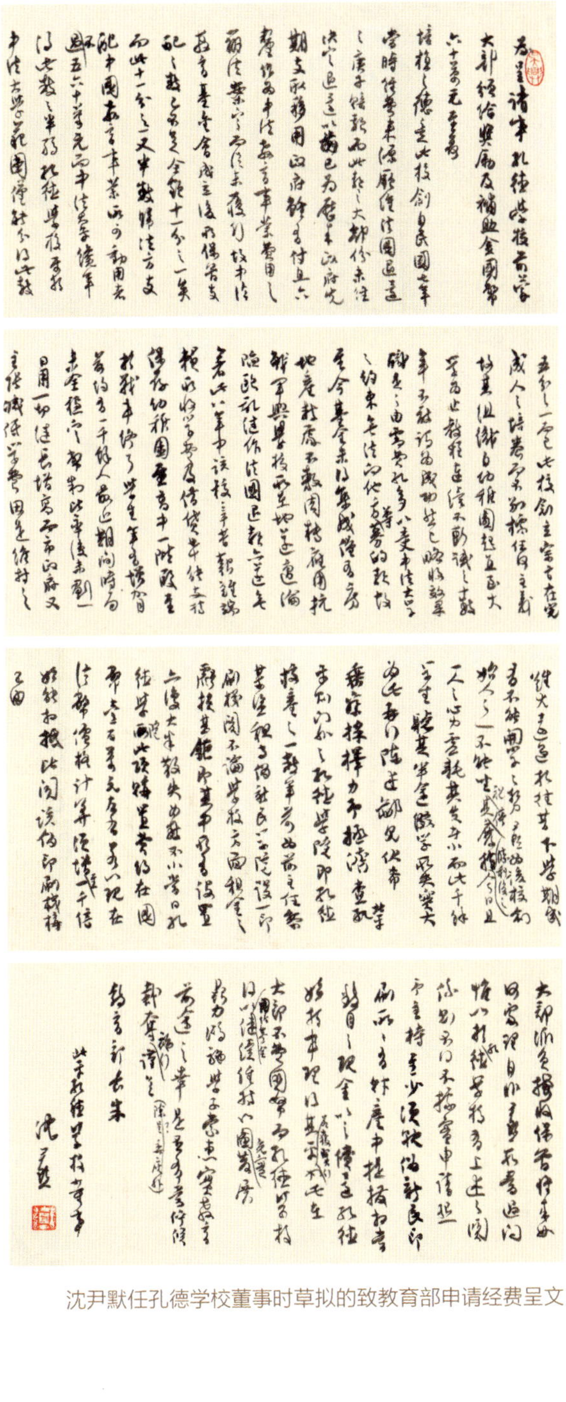

沈尹默任孔德学校董事时草拟的致教育部申请经费呈文

字都有注音，还配有插图。插图是请徐悲鸿画的，这一课本编得新颖有趣，很适宜儿童学用。孔德学校的办学目标之一是要把学生培养成有"思想的人"和有"情感的人"。

此后孔德学校的小学中学国文教材历年更新，从新出版的书报杂志中选择，有童话、故事、小说、散文、短剧、论述文等。教材是活页讲义，以利更换。孔德学校不用书局出版的语文教科书，自己编选教材，有将近20年的历史，直到1937年"七七事变"后，孔德学校才改用书局出版的课本。

沈尹默1931年曾有一文回顾孔德学校办学经过，从中可以看出他的教育思想和理念，现摘其中三段：

1. 本校创始之经过

本校创始于民国六年（1917年）十二月，是时蔡（元培）、李（煜瀛）两先生正努力从事于中法间教育事业，因中国学校外国语向来用英文，遂自办一丙等小学，采用法文，校址暂借东城方巾巷崇正义塾之一部分，小学分男女两部，费用由华法教育（基金）会补助，每月二三百元。开办之第二年校中之执事人屡易，华法教育会之补助金亦停付，一切责任完全由现在主持孔德学校诸人担负，蔡李两先生亦不时予以矜助。

2. 教育方针

初办时，同人称教与育应并重。盖学校是人格养成所，不仅为读书识字之机关，以为书坊所编小学课本"为读书而进学校"之主张有流弊，因一般所用之国文课本内容重新审订改编，且以语易文，最低年级并采用注音字母。至教育方面，初时并无若何严密之规定，但主张废体

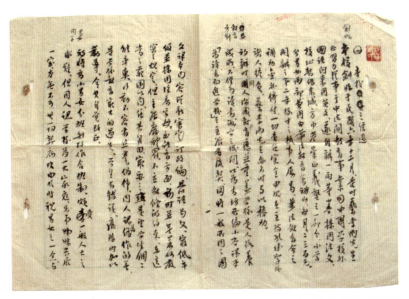

沈尹默回忆孔德学校办校经过的手稿

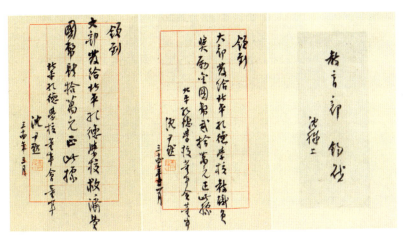

1945年，沈尹默作为孔德学校董事写给教育部的收据

百年巨匠
沈尹默
Century
Masters
Shen
Yinmo

罚，不立教条的约束，在这书之范围以内，任其自由，最要之点是望学生个个能率真，行动不容有丝毫伪饰，同人认为伪作的善是学校教育最大的过失，学生有错误，应随时加以劝导，令其自觉改正。

3. 男女同学

初将高小男女分班制改作合班制，颇受一般人士之非难，但同人认（为），学校为一大家庭，兄弟姊妹共展一室，本无不可，其切弊病皆由歧视男女之一念与其无设立防闲所致，且男女性情怪见不同，同处校，可得相当互助之利益，再就实施男女同等教育上观之，尤有重大之意义。

本校男女同学自初办至今，不但未发生流弊，且就男女性情行为方面亲密颇有相当的好处即男女能立于真正同一的地位彼此往来，无轻慢与疑催之态度，但因

孔德学校美术教室教具

孔德学校定期举行乒乓球比赛

男女发育年龄不同的缘故，每到初中时期，教课上不免稍有困难之处，若教师能充分注意，亦不致毫无办法。

孔德学校非常注重培养学生的科学精神和动手能力，要求各个学科的教师教学时，偏重实地观察，不能单靠书本和教师的讲授。1923年夏，陶虞孙从日本留学回国，成了孔德学校的一名生物学教师。要求学生动手解剖实物，画解剖图，制作植物切片，在显微镜下观察细胞

孔德学校的小学游戏课

孔德学校秋季的香山旅游

结构，写实验报告。课余，陶虞孙还常常带领学生走出校门，采集可供制作的动植物做成标本，陈列在学校特意制造的标本架上。标本逐年增多之后，学校还专门辟了一间大房间作为标本室。数学、物理、化学、历史、地理各科的教学，除使用当时商务印书馆、中华书局新出版的教科书外，学校还自己增加补充教材。孔德学校的教师都是北师大和北大的毕业生，还有不少教学多年、富有教学经验的教师。当时就有一位叫作吴郁周的老先生，是北京师大附中的教师，并在北大和孔德兼课，他教出来的学生，有后来的"中国的原子之父"钱三强、著名物理学家刘育伦等。孔德学

校的课余活动也是丰富多彩。每年春秋两季，学校都要组织郊外旅行。郊外旅行的副产品，便是采集到的动植矿物标本。体育活动有篮球、乒乓球等比赛。校庆年年举行，从幼稚园到中学各班均须表演节目。孔德学校的美育和藏书全国领先，当时的许多著名画家纷纷投入到孔德学校的美术教育中，包括蔡元培从法国学成归国的女儿蔡威廉，1949 年之后曾任西安美术学院院长的王子云，曾任北京工艺美术学院院长的卫天霖等。当时，卫天霖为了让学生更好地画画，把宗人府旧房的瓦片拆了，做成一片天窗，保证光线。他还把从法国带回来的石膏像，每人分一个区域，练习画素描。孔德学校的美术教学设备非常齐全。仅石膏模型就有 50 多件，小佛像和玩具模型也有 100 多种，写生台 7 座，画架 40 个，图画教室两座。值得一提的还有孔德学校的大图书馆。它原是为办中法大学孔德学院准备的，由沈尹默、马隅卿等人挑选购买图书，共计买到经、史、子、集书 2433 种，46512 册；方志类 478 种，7127 册；日文书籍 429 种，452 册；词曲小说 536 种，5456 册；车王府曲本（清代蒙古车臣汗在北京的王府所收藏的戏曲、曲艺刻本和手抄本的总称）4620 册；全馆共藏书 6400 多册。鲁迅研究中国小说史时，就经常来校阅看词曲旧小说。

十九年习碑经历

沈尹默自 1913 年到北京大学任教开始，到 1932 年南下上海，在北京的 19 年里，从未中断过习字。以抽刀断水的精神苦练魏碑，打牢悬臂运腕用笔基础，其臂力之大，据其养子褚家立说，沈尹默直到 70 多岁用受伤的右臂竟然还可以抱起十多岁的他。

沈尹默年少在汉阴，5 岁学书伊始，他不仅未能遇上名师，反而遇上了一位对书法没有见解，盲目崇拜黄自元，误人子弟的黄姓塾师，致使沈尹默入手之初便沾染上了馆阁体末流的俗气，以致在功成名就后仍遭"三考"出身某君的微讽。令人庆幸的是，沈尹默见其父所写欧字之后，豁然顿悟，对雅俗有了最初的判断，于是便有了弃黄学欧的行动。但在 1907 年即 25 岁遇到陈独秀之前，他仍然取法不高，仅刻意模仿欧、赵，甚至学赵，也只是学仇涞之这样的末流书家，后来接受了陈独秀"字其俗在骨"的批评。从此以后，就

临《始平公造像记》局部

沈尹默临《孔羡碑》

此自警，竭力去媚去俗。在北大他投身于新文化运动，后又连接担任河北省教育厅长、北平大学校长，虽然因工作忙碌无暇练习和研究书法，但在日常书写中努力做到摒帖学不取，专意取法魏碑，以企脱胎换骨，并且一直坚持了19年。

蔡元培提倡的"兼容并包"的精神以及"学术自由"之主张，不仅对沈尹默的学术思想而且对他的书法影响极大，他痛下决心，以碑为基础，从头开始，以期达到"帖与碑"互为补充，相互兼容，最终形成自己风格的书法。沈氏在这一时期留下的"云龙远飞驾，天马自行空""石虎海沤鸟，山涛阁道牛"等作品，与他本人前期靡弱媚俗的书风相比，则不啻为一场意义深刻的革命。这些作品腕下力足，点画遒劲，结字凝重，气象苍茫，尤其是"鸿雁出塞北，牛象斗江南"一联，写来朴实无华，用笔径来直去，却气度恢宏，用笔老练刚健，一洗前期的媚俗铅华，早年书作中的骨弱弊端已不见踪影。

百年巨匠

Century
Masters

沈尹默
Shen
Yinmo

《云龙天马五言联》　　　　《鸿雁牛象五言联》

　　沈尹默如果没有这一时期对包世臣碑学思想的服膺，没有对魏碑朴野旷逸之气的亲和，没有对魏碑的浸淫，学仇涞之等人所沾染上的俗气便难以根除，他后期的楷书也好，行草也好，难以达到清秀与刚健共存、传统法度与现代审美意蕴相结合的高度。

　　沈尹默 19 年学魏碑的经历，对其后来总结的科学执笔方法 ——"五字执笔法"也是一个非常重要的基础。而据他自称是在通过学魏碑"自觉腕下有力"后，才遍临唐碑，特别于褚遂良用功尤勤。这一由魏碑再回到唐碑的转折，是在学魏碑基础上的转折，比之单纯学魏碑，避免了朴野之气和粗陋之憾，后期因兼

百年巨匠
沈尹默
Century
Masters
Shen
Yinmo

备唐之雅韵，从而其书法从审美层面上升到了较高层次。沈尹默凭其深厚的古典文化修养，凭着参加新文化运动形成的敢于反抗权威束缚的胆识，对清以来康有为的主流书学思想进行了大胆革新。康氏尊魏卑唐，而沈尹默则恰恰弃魏崇唐，并进而由唐而溯追晋韵，这在当时来说，无疑是相当超前的书学思想和行动，这是沈尹默艺术生涯中最重要的一次转折，正是这一次转折保证了沈尹默在书史上的"沈体书法"流派特征。当时书坛，北魏书风一统天下，"二王"极少有人问津，写唐碑者，在当年正统的书法家认为似乎还尚未入流，尤其是康有为"尊魏卑唐"一统天下，更使唐人书法的价值一落千丈，可以说沈尹默是在唐人书法价值达到最低点时开始自觉学习唐法的。而他对唐法的学习，与时流中学唐朝的颜、柳也不同，而是属意褚遂良这一"二王"正脉。沈尹默在由初时起步的取法唐人，到后来的追慕包、康，弃唐就魏，到再度向唐人回归，完成了自身的否定之否定。当然更进一步看，沈

沈尹默临《孔羡碑》局部

尹默的这一层转折，其根本还是筑基于对帖学自身发展这一书法本体规律认识的基础之上。明清帖学，尤其清代帖学已走向没落，如果取法乎下，结果必然求其下下。沈尹默对此的认识是很清醒的，他在这一时期，对明清人一概不学，而主要上追宋以前诸大家学王踪迹，自此奠定了沈尹默在书坛现代帖学上的开山地位。

谈到从1913年开始学北碑的体会时，沈尹默讲：

> 到了1930年，才自觉腕下有力。于是再开始学写行草，从米南宫经过智永、虞世南、褚遂良、怀仁等人，上溯二王书。因为在这一时期，买得了米老《七帖》真迹照片，又得到献之《中秋帖》、王珣《伯远帖》及日本所藏右军《丧乱》《孔侍中》等摹帖拓本的照片；又能时常到故宫博物院去看唐宋以来法书手迹，得到启示，受益匪浅。同时，遍临褚遂良全碑，始识得唐代规模，这是重新改学后获得了第一步的成绩。

这一时期他为朋友题写了不少斋名，如周作人的《苦雨斋》、马玉藻的《玲珑室》、自题《爱旌目》等等，均为北碑风格。

《苦雨斋》之一

《苦雨斋》之二

《玲珑室》

《爱旌目》

其中《苦雨斋》一幅流传最广，"苦雨"的提法来自五四时期著名四大副刊之一《晨报副镌》，最早是由李大钊编辑，1924年孙伏园主编时期发表了周作人"7月17日在京城所书"写给伏园的信《苦雨》，信中写到连日大雨西书房惨遭进水之苦：

伏园：

……我住在北京，遇见这几天的雨，却叫我十分难过。北京向来少雨，所以不但雨具不很完全，便是家屋

1927年新年聚会。后排左起：周作人、沈尹默、沈兼士、苏民生。前排左起：沈士远、刘半农、马玉藻、徐祖正、钱玄同

1929年新年聚会。周作人日记："上午循例在苦雨斋饮屠苏，到者如左：士远、尹默、兼士、幼渔、季明、隅卿、稷如、半农、玄同、凤举、耀辰、稚鹤、平伯，下午四时散。"

百年巨匠

Century
Masters

沈尹默
Shen
Yinmo

十字長孚延陵碑石

千年刺紀益梁祠堂

集《華山碑》字書此聯丁亥孟春晴窗遣興余喜作楷於絜則末下工夫然六頗領其趣了然

集《华山碑》字对联

构造，于防雨亦欠周密。除了真正富翁以外，很少用实垛砖墙，大抵只用泥墙抹灰敷衍了事。近来天气转变，南方酷寒而北方淫雨，因此两方面的建筑上都露出缺陷。一星期前的雨把后园的西墙淋坍，第二天就有"梁上君子"来摸索北房的铁丝窗，从次日起赶紧邀了七八位匠人，费两天工夫，从头改筑，已经成功十分八九，总算可以高枕而卧，前夜的雨却又将门口的南墙冲倒二三丈之谱。

……

1919年11月周家入住八道湾，沈家三兄弟与周家三兄弟始终保持着不错的友谊，周家入住八道湾的第二天沈尹默即登门拜访，当日鲁迅日记里就有记载。以北大同仁为主的元旦聚会始于1923年1月1日。沈尹默曾讲过："'五四'前后一个时期，每到年底周家必定有一封信来，邀请我去。"1923年的新年聚会也是唯一一次周树人、周作人和沈氏兄弟三人都参加的聚会。直到1929年底若子去

沈尹默致马玉藻之子马巽伯的手札

世，周家处于悲痛之中，以后定期的新年聚会才取消了。

　　1924 年 7 月到 8 月的瓢泼大雨损毁了八道湾的房子，周家发生了如此苦恼之事，周作人不会不告诉沈尹默，沈尹默自然同情，不知是应约还是带有调侃的意思，不久，特地为周作人题写了这枚"苦雨斋"，周作人便把这题匾挂在西厢书房，从此"苦雨斋""苦茶庵"之称谓流传至今。

　　"五四"前后，大约从 20 世纪 20 年代到 30 年代末，不完全的

百年巨匠
沈尹默
Century
Masters
Shen
Yinmo

统计来到八道湾的中外知名人士有五六十人之多，其中不少是老朋友、同乡、同仁，大都是新文化运动的先驱者。沈尹默曾说那时的元旦聚会到苦雨斋"作竟日之乐"。苦中作乐，高谈阔论，在喝屠苏酒，品红豆的同时，谁说这中间没有新文化思想火花的碰撞呢，谁说没有对《新青年》发表的文章的"品头评足"的交锋呢。这里有善于辞令滔滔不绝的钱玄同；有大愚若智时不时冒出一句引得大家哄堂大笑诙谐之语的鲁迅；也有摇着鹅毛扇寡言少语的沈尹默。

今天我们回过头来看，正是这些思想文化先驱者的开拓与创新，从这里，从苦雨斋、玲珑室、秋明室……迸发出代表时代进步、代表先进文化思想的火花，为新文化运动和五四运动奠定了重要的基础。

差不多在这前后书写类似的《玲珑室》《爱旌目》等横匾，全是肆力摒帖学碑的成果，结字肥厚粗顿，收笔前的抬锋，使这些字形既厚重稳健又略显飞扬，规则中正而有动态，代表了沈尹默这一时期学习北碑形成的书法风格。

沈尹默和于右任均出生于陕西，又是同时期两位不同风格的书法巨匠，不能不说是中国书法史上的一桩传奇。于右任家乡三原和沈尹默出生地汉阴分处秦岭南北，隔山隔水不隔情，热爱书法是两人一生一世的情缘。而同为北京大学教授的沈尹默和马叙伦的「书法之争」，更是书法史上的一段佳话。正是民初涌现的这些文坛大家，在书法艺术交流和碰撞中，为中华民族文化增添了绚丽的光彩。

南沈北于

百年巨匠

Century
Masters

沈尹默
Shen
Yinmo

民国初年，"南人"沈尹默在北。沈先生祖籍浙江吴兴竹墩，自 1913 年在北京大学教书，后 1930 年任北平大学校长。"北人"于右任在南，于先生祖籍陕西三原县，他 1904 年为躲避清廷缉拿逃到上海避难，办报讲学，直到 1922 年任上海大学校长。二老一南一北，书风一真一草。皆负盛名。由此民国书坛就有了"南沈北于"一说。

沈尹默一生朋友无数，其中于右任、刘季平、陈独秀性格刚烈，与沈尹默平和宁静的性格迥然不同，但沈尹默和他们交往密

任北平大学校长的沈尹默

于右任（后立者）与恩师马相伯

切，而于右任更是他朋友中较为亲密者。

任河北省教育厅厅长的沈尹默

沈尹默和于右任的交往在抗战时期的重庆最为热烈，至今，于右任之幼子于中令先生，也不无感慨："是啊，那时大家来往很多，除沈老外，还有陈大齐、郭沫若、章行严……"

沈尹默五岁上学，发蒙的李老师是一位年过七旬的不第秀才，爱好诗歌，他命学生作菊花诗，据沈尹默后来讲："你想，让一个才念了几句'人之初'的顽童咏菊，不是在开玩笑吗？结果，老师替我作了一首了事。"成年后，沈尹默不仅以诗词见长，书法亦达到很高水平。在沈尹默就任河北省教育厅长的记者招待会上，曾有一位记者问："沈厅长，您是个大书法家，您的书法在当代是'中国第一'，今后对学校的书法教育将会掀起一个高潮吧？"沈尹默笑着答道："如果你们认为我的书法现在是'中国第一'，那我应该说是'天下第一'了。"

于右任则以整理"标准草书"千字文著称于世。于右任入门时崇而拜之的赵孟頫与沈尹默同为浙江吴兴人，沈尹默在受到陈独秀的批评后，临写北碑以铸就厚重的古拙之风；于右任初入赵门之后，同样改攻北碑，并在此基础上将篆、隶、草法入行楷，独辟蹊径，将魏晋笔意融入草书，被誉为"当代草圣"。沈尹默近50岁时，才致力于行书，形成古劲秀逸的书风。

两位同时代的书法家没有因为并列高峰而互相贬损、攻讦；相

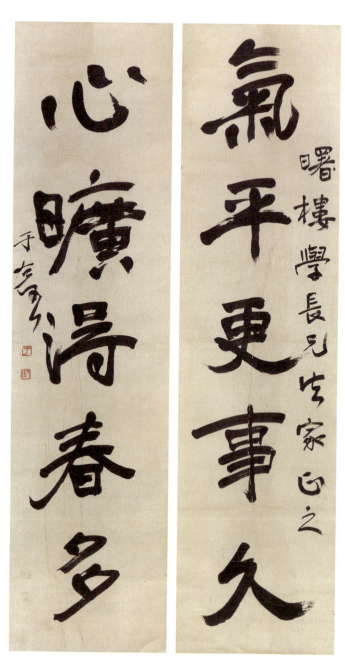

氣平更事久

心曠得春多

曙樓學長兄生家正之

于右任《气平心旷五言联》

百年巨匠
Century
Masters
沈尹默
Shen
Yinmo

反，他们相惜相敬，推崇至心。无论是笔法还是性格，波澜壮阔的于右任和蕴润多姿的沈尹默相映生辉，若以唐宋古文的"韩潮苏海"一喻，可谓之民国书坛的"于潮沈海"。于右任推崇碑派的书学观念，送给沈尹默一本王世镗临摹的《爨龙颜碑》。《爨龙颜碑》立于南朝刘宋大明二年（458 年），此碑用笔以方整为主又兼有圆转笔法，结体雄强茂美，大气磅礴。于右任此举无疑是对沈尹默书风的批评，一向待人宽容的沈尹默只是觉得此碑之书与自己"性情不合"，没有刻意去学。与此同时，不仅没有反驳，沈尹默反而是赋词赞许了于右任的草书：

《三十六用寺韵为右任院长题标准草书》

高论尝闻静安寺，整齐五体删草字。

美观适用兼有之，用心大与寻常异。

追随执事来巴岷，敢矜一得言闾阎。

文宗三易理当尔，结字尤宜明便驯。

章草今草传千载，纷纭中有条贯在。

穷源竟委搜剔勤，譬疏洪流东入海。

胜业直欲薄公卿，一尊既定无眩惊。

匆匆不及今可免，爱此标准草书名。

抗战时期在重庆，于右任任国民政府监察院院长，聘沈尹默为监察委员，工作往来多了起来，于每日到检察院上下班总要经过沈尹默在静石湾的"石田小筑"，因此，时不时会下车，跨过水田来沈家吟诗论书，沈尹默的外孙见到便高兴地大声一边喊"于胡子来了，于胡子来了"，一边迎接上去。于右任和沈尹默均出生于陕西，客居异乡，同操乡音使得两人过从亲密。两人虽然在书法风格上各有千秋，但始终热爱书法却是一致的。但是对时事的思想认识方面却有很大区别。沈尹默曾经讲过：

> 我到了重庆四个多月后，于右任叫我进监察院去。于（右任）是我少年时就闻知的，一直到北京才见面，这个人平时做个普通朋友是很好的，一谈到正经事情，就要觉得他那出人意表的糊涂，有时甚至使人烦恼。我在监察院混了六年，每次开会，起初我还说句话，后来，就不愿意开口了。于（右任）他是一个极端患得患失的人，听说他本不想走（指去台湾），因为没有决心，终于被劫持到台湾去了。

虽然如此，两人始终保持着不错的个人友谊。抗战胜利后，于每到上海都要看望沈尹默，有一次来沈家吃饭，针对有人怀疑他吃不惯海菜的传言，"北人"于右任还特地表演了一次"边吃虾边吐壳"的绝技。于右任后来去了台湾，1963年，沈尹默80岁生日，两人虽暌隔海峡两岸，于右任仍送来贺寿墨宝，上款题"寄沈公法家正"，横幅书："星垂平野阔 月涌大江流 。"沈尹默特在此横幅上题记：

> 正逢吾八十生日，收到于右任老先生几经转折托友人从香港寄之，实乃不易，甚为感谢之墨宝。以于老兄的佳作和抱石兄的联八条屏点缀为诗塘，以为珍贵。早在辛亥革命前后于先生就创办《神州日报》《民呼日报》《民吁日报》，倡书革命鼓吹，反对封建专制，反"大头袁"。三原于右任先生是国民党元老，也是我国书坛上的一位巨星。一九五八年记得是十月，毛泽东主席在繁忙的国事活动中指示秘书田家英将各种草字帖包（括）于右任的草诀

歌给我，足以证于老书法造诣极深，功力登峰造极也。尹默恭识。

当年画家傅抱石专门为沈尹默的 80 大寿作《镜泊飞泉》八条屏。傅抱石在画作上的大胆创新震撼了沈尹默，他当即命名为"抱石皴"，称赞傅抱石山水画的皴法独具一格，前无古人。为了让《镜泊飞泉》成为真正的绝品，沈尹默特意将老友于右任的墨宝装裱在画堂上，沈尹默用作点缀此八条屏"诗塘"即于右任书赠沈尹默的"星垂平野阔，月涌大江流"再加上自己的题记，如是这幅巨制愈益气势磅礴，奇伟壮丽，以至于后来赝品甚众，使得拍卖市场风生水起。

人们只要见过沈尹默秀美飘逸的书法，就会联想到他必是一个倜傥风流、神采飞扬的人物。然而，事实却是另一回事，沈尹默在日常生活中，处处受到高度近视的限制。性格

沈尹默书写的于右任命题献礼书手稿

1933 年，沈尹默在上海作书

百年巨匠

沈尹默

Century
Masters

Shen
Yinmo

1955 年，沈尹默在海伦路寓所作书

稳重，举止文雅。他自幼患沙眼，久治不愈，后来近视高达两千余度，又患上白内障。医生做出的鉴定是：左眼无用，右眼上方、中间也不能见物，唯右眼下方尚有视力。他不仅认不清对面的人，而且每写一件作品，必得旁人协助，如果没人指点他在哪里落墨，他就会把两个字写得重叠。然而，"国宝级"书法家就是在这样的窘境下苦练出来的。

沈尹默 80 多年的人生，历经清末 29 年、民国 38 年、新中国 22 年。早年的沈尹默也曾想参加科举考试，但由于陕南到湖州路途遥远，未能成行，所以他幼年为应考练习写字以馆阁体为主。馆阁体在明代又叫"台阁体"，属于官场考试规定的一种楷书书体，它强调书写的规范、美观、整洁划一，因而千人一体，千字一面，看上去呆板乏味，缺乏生气。但馆阁体对书法基本功的磨炼还是卓有成效的，故不能一概抹杀。明清时参加科举考试，如果不用馆阁体，而用行草答卷，当上举人的可能性便极小。所以，有一句流行语叫作"字如其人，文如其人"，说的就是科举制度常常以文字识人取才。

于右任和沈尹默的书法风格虽然属于两种截然不同的派别，于右任作为国民党的元老，名气之大自不待言，从书法艺术的角度看，于右任和沈尹默难分伯仲。沈尹默早年即有"民国帖学第一"的美称。沈尹默此后又刻苦习魏碑，贯通篆、隶、楷、行、草于一脉，细窥其书清润中内涵汪洋之势，隽秀里透刚劲之力，笔锋墨意越过同乡赵孟頫，直逼宋代米芾门下，不少书家认为在这一点上，沈尹默比于右任的宽博潇洒似更胜一筹。虽然他们在书法上是走了两条不同的路子，但是，沈尹默和于右任相互关心却始终如一。1962 年 1 月 24 日，怀念乡情的于右任作歌："葬我于高山上兮，望我大陆。大陆不可见兮，只有痛哭。葬我于高山之上兮，望我故乡。故乡不可见兮，永不能忘。天苍苍，野茫茫，山之上，国有殇。"深深的乡愁，书不尽意，唯有歌哭之。就在于右任赠沈尹默祝寿墨宝的一年后，1964 年 11 月 10 日，于右任逝世于台北。于右任和沈尹默的书法情缘和毕生友情为两岸的交往添上了浓重的一笔。

大科与三考

百年巨匠
Century
Masters
沈尹默
Shen
Yinmo

马叙伦和沈尹默在近代中国文坛和教育界是绕不开的两位人物，具有不少相同经历，然而在书法的书写方法和书学理论方面的探索和争论不断，不啻为中国近代书法史上的一段佳话。

马叙伦，字彝初，后改字夷初，号石翁、寒香、石屋山人、石屋老人，1885 年 4 月 27 日出生于浙江省仁和县一个士大夫家庭。1949 年之前，他长期担任北京大学教授，并且先后三次出任教育部次长，1949 年之后又先后担任教育部部长和高教部部长，从而成为在政学两界左右逢源的传奇人物。

沈尹默书法工行、楷、草书，尤以行书擅名。崇尚晋代二王，初学欧阳询、褚遂良，后追习智永、虞世南和颜真卿等名家，融贯而成自己风貌，用笔清圆劲健，倡导以腕运笔，对笔势笔法多有阐发，书法理论研究亦有己见。

20 世纪 20 年代沈、马两人皆为北京大学同仁和书法家，然而，此后两位关于书法艺术的争论长达数十年之久。马叙伦与沈尹默，两个人之间最为激烈的争斗主要集中在中国法书的书写方面。早在 1938 年 10 月 22 日，蔡元培就在日记中记录了沈尹默对于自己的书法成就的高度自负："沈尹默、张凤举来。尹默自言于书法近有神悟，有规则而又笔笔换，可体验不可以言传。……沈氏自言'法书'在'米南宫之下'。"史称"苏黄米蔡"为宋代书法四大家，米芾字元章，号海岳外史、襄阳漫士。其子米虎儿即米友仁也是一位书法家，自是"米南宫之下"了。

马叙伦是在书法方面较沈尹默更为自负的一个人，这位以状元自居的书法家论书眼界颇高，时人字皆不入法眼，作书不涉唐以后一笔。马叙伦论书有云："唐后何曾有好书，元章处处苦侵渔。佳处欲追晋中令，弊端吾与比狂且。"所著随笔《石屋余沈》对时人书画痛下贬语，云康南海、于右任书虽不弱，康尤胜于远甚，二人恃其善书，有玩世之意，所作随意为之，遂入恶道。黄晦闻学米南宫，但得其四面，即筋骨风神，无其脂泽，将入枯木。马叙伦于沈尹默稍有好感，谓其功力亦不出米虎儿之上。

1948 年，建文书店出版了他的文言文随笔集《石屋余沈》，其中有多篇论书随感，他说"余自幼好书，垂老得法"，因此，在《沈尹默书》一文中，对于沈氏自诩为"米南宫之下"有这样一段评价：

> 与智影访沈尹默，尹默出示其近年所书，有屏四幅，尹默自许为可存者，余亦仅许此四幅，以为伯仲米虎儿，然虎儿亲承海岳之传，于海岳书若具体矣。海岳直欲凌唐入晋，而虎儿局促唐人辕下，仍是宋人面目。且其骨气不清，则不能得之于父，殆天也。

接着他又认为：

> 尹默此书面目极似。而于虎儿终须以兄事之，盖笔中犹若夹杂也。余以为尹默他日即以此跨虎儿而上之。若去此便反落虎儿局中，不得出矣。

由此，马叙伦得出结论：

> 尹默又示其所临褚河南《孟法师》《房梁公》两碑，以此见尹默于书，正清代所谓三考出身。于右任尝比之

百年巨匠

Century
Masters

沈尹默
Shen
Yinmo

为梨园之科班，而自比于客串，亦非轻之也。余则若清之大科耳。盖余抱不临之旨，偶事临摹，终页即止也，况终篇三复耶？

在这里，马叙伦把自己比喻为"大科"，也就是在殿试中由皇帝钦点的状元，把既是浙江同乡又是北大同事的沈尹默认定为三考出身的进士，把国民党元老于右任的书法认定为业余客串，足以见出他以书法状元自居的极端自负。对于沈尹默主张的悬腕和笔笔中锋提出不同见解：

尹默作书无论巨细皆悬腕肘，然指未运，故变化少，其论中锋仍主笔心常在画中，特以毫铺，正副齐用，故笔心仍在画中，此在六朝碑版中观之亦然，若郑文公经石峪，余终以为指亦运转，而副毫环转铺张，笔心在中，蔡伯喈所谓奇怪生焉者，必由此出也，此则止能各由其道矣。

到了 1949 年由建文书店出版的《石屋续沈》中，马叙伦另有一篇《王福厂沈尹默书优劣》，借用当时媒体人的嘴介绍说："上海有活报者，谓：'王福厂篆隶等描花，沈尹默富商撑腰脊。'又谓'福厂书平铺直叙，一无足觇；尹默书王字底子尚不算差，但其笔趣则缺然不足名大家。'"对于此种说法，马先生认为不要计较："此论尚非过为诋毁，特尹默不可与福厂并论；尹默书功夫不差，相当知笔法，惟以深于临摹，入而不出，故灵变不足，然无匠气，究非今日其他书家可望其肩背也。"对于书展的收入他认为确有其事，"尹默年必展览其书一次，收入巨万，谓之'富商撑腰'亦不诬"。

抗日战争时期，重庆贪污腐化之风盛行，沈尹默执笔为文，弹劾国民党政界要人孔祥熙、宋子文等人，还请进步监察委员签名联署。后因弹劾未果，他不满于国民党政府的腐败，于 1947 年到

1942年，沈尹默与三弟兼士在重庆　　　　1947年，返沪时的沈尹默

南京监察院辞去挂名的监察委员。

　　1946年年末，沈尹默自重庆返沪，其三子沈令年去机场接他，到后，发现沈尹默已经被先一步到达的褚保权接走，住虹口东洋街一日式小楼（即现多伦道504号），此楼系褚家姻亲徐某接收的日伪敌产，沈尹默戏称"东阳街"，又因自己在兄弟中行二，便自喻"东阳仲子"。沈尹默返沪后，坚辞挂名的"监察院委员"，自甘清苦，不食"蒋粟"，直至上海解放，以鬻字为生，自嘲"字同生菜论斤卖"（见之于沈尹默七言诗《次韵答行严过访见赠之作》）。由此客观上使得沈尹默作品较早地进入了市场，以致后来造成了沈尹默和马叙伦的书法作品价格有较大差距，价格多寡完全是市场行为，所谓"富商撑腰"可能不假，现在看来当年这些富商还真是有头脑，谁说他们不是又赚了一票呢。

　　其次是对书学"学历"之争。沈尹默幼年没有上过正式学校，自称是自学成才。一次和毛泽东主席的谈话还引起毛主席给沈尹默讲了一段故事。沈尹默曾对一位朋友说:"我见过毛主席多次,有一次主席问我是什么地方人?我说我的讲话是南腔北调,我是吴兴人。主席说:'喔,陆放翁也是吴兴人吧!'我说:'是的,陆放翁可能在四川成都的时间长一些。'我说我是没有进过学堂的(指没有读过正规大学)。主席说:'那很好,像高尔基一样。'我忙说:'不敢、不敢!'这时,毛主席就随和地讲起故事来。毛主席说,清朝时,有一巡抚是捐班出身,而臬台是科班出身,这臬台的官是凭功名得来的,看不起这捐班出身的上司。巡抚心中也明白。有一天两人同到孔庙去祭孔,当二人都跪在孔子像前时,巡抚就指着上面的孔子像说:'这位老夫子也不是科班出身啊!'"

马叙伦学历则与沈尹默大不相同,正如科举考试中的状元必须由皇帝钦点一样,常以"大科"书法状元自居的马叙伦,受过良好教育。但是即使如此,出于对伟大领袖的崇拜之情,马叙伦却从来没有在毛泽东面前炫耀过自己的书法成就,反而一再向毛泽东求字。曾经担任过北大图书管理员的毛泽东,对于这位老师辈的北大老人,也一直是有求必应的。1948年11月23日,马叙伦与郭沫若、许广平、侯外庐、陈其尤、沙千里、翦伯赞、宦乡、阎宝航、丘映芙等30多人,由中共香港工委副书记连贯陪同,乘坐挪威籍客轮离开香港,前往哈尔滨参加拟议中的新政协会议。

1949年3月25日,毛泽东从西柏坡飞抵北平,中国民主促进会常务理事马叙伦与在北平的各民主党派负责人一起,前往西苑机场表示欢迎。这是毛泽东与马叙伦的初次见面。在陪同毛泽东一起阅兵之后,马叙伦当场写下四首七绝,其中一首写道:"万岁高呼毛泽东,与人衣食即春风。江南百姓皆昂首,何为迟余解困穷。"

同年6月11日,马叙伦与毛泽东、李济深等24人,在北京香山双清别墅毛泽东寓所举行新政治协商会议筹备会的首次预备会议。在随后的新政协筹备会第一次会议上，马叙伦与毛泽东、沈钧儒等 21 人当选新政协筹备会常务委员会成员。1949 年 10 月 1 日，马叙伦参加开国大典，之后被任命为教育部长。55 岁的马叙伦由于一直为中华人民共和国的筹建而奔忙，加上他先在 1921 年 6 月 3 日的索薪风潮中，被北洋政府的军警打伤头部，后来又在 1946 年 6 月 23 日的"下关事件"中，被国民党南京政府的军警打成重伤，参加完国庆大典之后便卧病不起。他在病榻上给毛泽东写了一封请假信，说明自己有些会议暂时难以参加。尊师重教的毛泽东收信后在信上批示："请林老去看马先生一次，要他静养。会议暂不要邀他。毛泽东，十月五日。"这里的林老即林伯渠，时任中央人民政府委员会秘书长，为中共"五老"之一。

马叙伦的病情好转后，着手筹办《人民教育》杂志，向毛泽东求字。1950 年春，他写信给毛泽东，希望能为该杂志题字。毛泽东接信后，立刻挥笔题字："恢复和发展人民教育是当前重要任务之一。"然后又附上一封亲笔书信："夷初先生：示悉。遵嘱写了几个字，是否可用，请酌。此颂日安！毛泽东，四月二日。"马叙伦收到题词后，立即于同年 5 月 1 日出版《人民教育》创刊号，把毛泽东的尊师重教精神传播到全国各地。1951 年 1 月 23 日，马叙伦再一次给毛泽东写信，在谈汉语拼音问题的同时，希望毛泽东能为正在筹办的《学文化》半月刊题写刊名。2 月 12 日，有求必应的毛泽东在回信中写道："夷初先生：一月二十三日信收到。学文化三字照写。不知可用否？注音问题采取慎重考虑的态度是对的，我亦尚无成熟意见。顺致敬意。"1953 年秋天，已经改任高等教育部部长的马叙伦患上严重的脑软化症。毛泽东闻讯后于 10 月 5

百年巨匠
沈尹默
Century
Masters
Shen
Yinmo

日写下慰问信:"夷初先生:闻病甚念。务请安心休养,不限时日,病愈再工作。有何需要,请随时示知。敬祝早日恢复健康!"1954年4月,马叙伦再次向毛泽东请假一个月,毛泽东在回信中表示"可不限于一月,以病愈为度"。1954年9月,60岁的马叙伦正式离开高教部部长的职位,从此一直住在医院接受治疗。1958年以后,马叙伦奇迹般地以接近植物人的状态生存了12年,直到1970年5月4日在全国政协副主席的任上于北京去世,终年86岁。

沈尹默正式见到并与毛泽东主席谈话则是在1959年4月参加三届一次全国政协会议期间。此后在1963年12月二届全国人大四次会议期间,陈毅设宴招待沈尹默、马一浮、熊十力、夏承焘、傅抱石等人,宴会前,沈尹默受程潜之嘱,赋词《沁园春》一首祝贺毛泽东七十寿辰,贺词写在多年收藏的高丽纸上,词曰:

> 一柱擎天,万里无云,四海无波。喜红旗扬起,乾坤浩荡,东风拂遍,遐迩融合。六亿人民,同等寿域,见者惊夸安乐窝。国庆日,听天安门外,动地讴歌,神州大好山河。人更觉,今朝壮丽多。看马列真文,功高粟帛,孙武神武,力止干戈。玄圃桃繁,仙山枣大,松柏常青带茑萝。无私颂,为群伦祝福,欢醉颜酡。

此作品由陈毅市长转呈,后收在中南海书画收藏册中第一页。

其三是争论一生,见仁见智,同心向党,终归一统。与马叙伦一样,沈尹默也是十分自负的书法家。早年在北大任教期间,沈尹默与章太炎的浙江籍弟子中的马幼渔、沈兼士、朱希祖、钱玄同、周作人等人,是一直不承认马叙伦的学术地位与书法成就的。当年的四川籍北大教授吴虞,在日记中还保存了相关记录:

> (1924年5月27日)十时后过北大,同沈尹默谈,尹

石屋先生天资强敏精力过人早岁肆
习文苑骞翥诸老辈洎乎人民革命事
业栖迟奔走险如一而博览群书著述
不辍临池弄翰特其馀事耳三十年前见
其笔札已极清劲之致为时所推称为善
书居恒与余戏言谓余书属三科出身而
以文科自命盖以余鲁拙庸谨必依名贤矩矱
剡意胀写自运殆少遂意遽字外之奇

83

1948 年沈尹默、马叙伦赠邵裴子成扇

百年巨匠
沈尹默
Century
Masters
Shen
Yinmo

默以夷初所书示予，深不满意，言夷初诗文皆不成。予言见夷初诗甚黑，尹默极以为然。尹默称予诗高华清丽。

（1925年1月18日）任昶来谈，言马幼渔、沈士远为三千学生所认为不行者。又言马幼渔诸人排斥陈汉章，明年下学年不来。沈兼士斥马夷初，谓彼为陈介石弟子，无师传，学其零碎。

（同年8月5日）林公铎言，夷初初从陈介石讲《通典》《通志》《通鉴》《史通》《文史通义》，谓之"五通"，后乃从章太炎讲训诂。

马叙伦与汤尔和、林公铎（损）都是陈黼宸（介石）的入门弟子，林公铎同时又是陈黼宸的外甥。"五通"属于注重阐释的"宋学"，马叙伦由陈黼宸的"宋学"转向章太炎注重文字训诂的"汉学"，显然是为了攀附更加著名而且更加人多势众的章太炎学派。尽管章太炎以及他的弟子沈兼士、马幼渔等人，从来都没有真正接纳过马叙伦。

然而马叙伦一生作书，天天临摹，只要身体健康，从不间断。积数十年的经验，他写了《论书绝句》20首，集中反映了他对书法的精辟见解。马叙伦强调起笔落笔，必须"意在笔先"，"总使吾笔下后，悠然无间，人目所至，恰当其心，斯乃谓稳，亦不俗矣"。对于历代名家手迹，他主张反复观摩其神韵，以求神似。他说："临古人书，形似甚易，而得神为难。"由于实践了"神摹"之法，他作书不入某家牢笼，出入自由。他说"入而不出谓之奴"是作书之大忌。

直到20世纪60年代，沈尹默对老友马叙伦的书法成就评价为："而君则恣情水墨，超逸绳检，但求尽意，乃近世之王绍宗大河上下，顿失滔滔。山舞银蛇，原驰蜡象，欲与天公试比高。须晴日，看红装素裹，分外妖娆。江山如此多娇，引无数英雄竞折腰。惜秦皇汉武，略输文采，唐宗宋祖稍逊风骚。一代天骄成吉思汗，只识弯弓射大雕。俱往矣，数风流人物，还看今朝。沁园春·雪

饮茶粤海未能忘，索句渝州叶正黄。三十一年还旧国，落花时节读华章。牢骚太盛防肠断，风物长宜放眼量。莫道昆明池水浅，观鱼胜过富春江。七律·和柳亚子先生

一九五〇年国庆观剧，柳亚子先生即席有赠，次其韵。长夜难明赤县天，百年魔怪舞翩跹，人民五亿不团圆。一唱雄鸡天下白，万方乐奏有于阗，诗人兴会更无前。浣溪沙·和柳亚子先生

大雨落幽燕，白浪滔天，秦皇岛外打鱼船。一片汪洋都不见，知向谁边？往事越千年，魏武挥鞭，东临碣石有遗篇。萧瑟秋风今又是，换了人间。浪淘沙·北戴河

才饮长沙水，又食武昌鱼。万里长江横渡，极目楚天舒。不管风吹浪打，胜似闲庭信步，今日得宽余。子在川上曰：逝者如斯夫！风樯动，龟蛇静，起宏图。一桥飞架南北，天堑变通途。更立西江石壁，截断巫山云雨，高峡出平湖。神女应无恙，当惊世界殊。水调歌头·游泳

十六字令三首

山，快马加鞭未下鞍。惊回首，离天三尺三。

山，倒海翻江卷巨澜。奔腾急，万马战犹酣。

山，刺破青天锷未残。天欲堕，赖以拄其间。

词注：前人所谓战罢玉龙三百万，败鳞残甲满天飞，借用一句说的是飞雪。

民谣：上有骷髅山，下有八宝山，离天三尺三。人过要低头，马过要下鞍。

登峨嵋山远望群山飞舞一片苍茫……老子升斗芭蕉扇，扑灭了火焰山，山也就变白了。

毛主席诗词

中国书法家戴自中礼

《毛泽东诗词》四条屏

山下旌旗在望 山頭鼓角相聞 敵軍圍困萬千重 我自巋然不動 早已森嚴壁壘 更加眾志成城 黃洋界上炮聲隆 報道敵軍宵遁 西江月·井岡山

歸化隘隘林深苔滑 今日向何方 直指武夷山下 山下風展紅旗如畫 如夢令·元旦 東方欲曉 莫道君行早 踏遍青山人未老 風景這邊獨好 會昌城外高峰 顛連直接東溟 戰士指看南粵 更加鬱鬱蔥蔥 清平樂·會昌 赤橙黃綠青藍紫 誰持彩練當空舞 雨後復斜陽 關山陣陣蒼 當年鏖戰急 彈洞前村壁 裝點此關山 今朝更好看 菩薩蠻·大柏地

西風烈 長空雁叫霜晨月 霜晨月 馬蹄聲碎 喇叭聲咽 雄關漫道真如鐵 而今邁步從頭越 從頭越 蒼山如海 殘陽如血 憶秦娥·婁山關 山快馬加鞭未下鞍 驚回首離天三尺三 山倒海翻江卷巨瀾 奔騰急 萬馬戰猶酣 山刺破青天鍔未殘 天欲墮 賴以拄其間 十六字令三首

紅軍不怕遠征難 萬水千山只等閒 五嶺逶迤騰細浪 烏蒙磅礴走泥丸 金沙水拍雲崖暖 大渡橋橫鐵索寒 更喜岷山千里雪 三軍過後盡開顏 長征 天高雲淡 望斷南飛雁 不到長城非好漢 屈指行程二萬 六盤山上高峰 紅旗漫卷西風 今日長纓在手 何時縛住蒼龍 清平樂·六盤山

橫空出世 莽崑崙 閱盡人間春色 飛起玉龍三百萬 攪得周天寒徹 夏日消溶 江河橫溢 人或為魚鱉 千秋功罪 誰人曾與評說 而今我謂崑崙 不要這多高 不要這多雪 安得倚天抽寶劍 把汝裁為三截 一截遺歐 一截贈美 一截還中國 太平世界 環球同此涼熱 念奴嬌·崑崙

北國風光 千里冰封 萬里雪飄 望長城內外 惟餘莽莽

百年巨匠
Century
Masters
沈尹默
Shen
Yinmo

藏在廿世紀六十年代余服役上誉是日也入酒宝偶見地亲梯把間破銃框
內四幅連屛書作之被漏水侵腐斑剥離属書家废敌六被人方揂去謝及日事
長者恕乃書法大師沈尹熟先生晚年雙目失明後之力作文革之中沈被抄反
動學術權威帽子小將们挽除沈之名姓棄大作于酒宝逰覽人間津也吾酷
愛書藝情真意切惜尛此精品竟被糟糊憤之然尛心收扶精祿除藏而五令篇
四若屯乃沈老書藝之極品爲世人所少見常心追手摹寫情具間得益匪淺
沈之尹熟寶乃吾書道之啟蒙先師也兹記之
癸丑中秋王正良

《毛泽东诗词》四条屏后跋，
王正良先生追叙四条屏来历

88

也。"1963 年 2 月 25 日，时任上海市文联副主席兼上海中国书法篆刻研究会主任的沈尹默，应邀为陈叔通主持编印的《马叙伦墨迹选集》写作序言，其中介绍说：

> 石屋先生天资强敏，精力过人。早岁蜚声文苑，震惊诸老辈。从事人民革命事业，恓徨奔走，夷险如一。而博览群书，著述不辍，临池弄翰，特其余事耳。三十年前见其笔札，已极清劲之致，为时所推，称为善书。居恒与余戏言，谓余书为三科出身，而以大科自命。盖以余鲁拙庸谨，必依名贤矩矱，刻意临写，自运殆少，遂无复字外之奇。……石屋与余，实亦各尽其一己之性分，非故为异同也……以余与君习而略通书道，来索序言，谓或能道出此中甘苦。余与君诚至熟悉，惟未尝亲见其握管染翰着纸。即便能道得一二，未必中君意……石屋作字，颇重意趣。悬腕书小字，其殆欲传此秘于来者乎！石屋卧病久矣，未由相与抵掌畅论此事，至堪太息，是为序。

1966 年 1 月，沈尹默在回忆录《我和北大》中，把自己的"发愤钻研书法"归功于"陈独秀当头一棒的刺激"，而不是马叙伦的一再攀比。就现存的遗墨来看，以"大科"自居的马叙伦的书法成就，无论是与"于右任尝比之为梨园之科班"的沈尹默，还是"自比于客串"的于右任相比，都要大为逊色。

1958 年 6 月 5 日，长期以医院为家的民进中央主席、全国政协常委马叙伦，应护士要求提笔写下他的最后一幅墨迹："我们只有跟着共产党走，才是在正道上行，才有良好的结果，否则根本上就错了。"

沈尹默在 60 年代书写的最多的是毛主席诗词，当年来求书的

也是这种要求居多。《人民日报》《红旗》曾发表过胡乔木的词
16 首之一的《沁园春·杭州感事》，词曰：

穆穆秋山，娓娓秋湖，荡荡秋江。正一年好景，莲舟
采月；四方佳气，桂国飘香。雪裹棉铃，金翻稻浪，秋意
偏于陇亩长。最堪喜，有射潮人健，不怕澜狂。

天堂，一向喧扬，笑今古云泥怎比量！算繁华千载，
长埋碧血；工农此际，初试锋芒。土偶欺山，妖骸祸水，
西子羞污半面妆。谁共我，舞倚天长剑，扫此荒唐。

其中，最后三句胡乔木原稿为："天与我，吼风奇剑（按：此
处应为五字，胡乔木手稿漏写一字），灭此生光。"这首词曾被毛
主席亲自修改，最后三句改作现在的"谁共我，舞倚天长剑，扫
此荒唐"。

当时国内正处于"文革"前夕，属于无党派人士的沈尹默亦
感到政治风暴即将来临，他于 1965 年（乙巳）夏日，抄写了此诗，
并在最后署题"尹默拜书"，表达了对毛主席的崇尚心情。

两位在书法上争论不休的大书法家，最后，在书写毛主席诗
词上得以和谐统一。

第六章 ┃ 诗词唱和千日少

初入北大沈尹默即以讲授唐诗为发端，所以他说：「我之成就当以诗为第一，词次之，书法最下。世人不察，誉我之书法，实愧哉矣！」他除去与诗人郭沫若、词人汪东时有唱和之外，朋友们和他无一没有诗书往来。沈尹默一生未写日记，但每逢大事必吟诗作赋，叙事寄情。据不完全统计，其诗词应在万首之上，现搜集到的大约有六七千首，生前出版过几本单行册，从未结为全集，为我们留下些许遗憾。

沈二与汪八

百年巨匠
Century
Masters
沈尹默
Shen
Yinmo

　　沈尹默大半生是租屋居住，唯抗战期间城内屡遭日机轰炸，长兄士远在歌乐山任国民政府考试院考选委员会副委员长，三弟兼士也自西安辗转到了重庆，于中央大学师范学院任名誉教授。为躲避敌机，便于兄弟往来，沈尹默便在重庆歌乐山静石湾上清寺借地营屋，在低矮的墙壁上挂一小木牌，取名自明代画家沈石田（沈周）的"石田小筑"，用以寄托怀乡之情。1940 年秋沈尹默邀汪东在此养病，后经张充和联系，由沈尹默推荐汪东到教育部礼乐馆做馆长，因他和沈尹默三弟兼士均为太炎先生高足，1919 年曾任教北京大学，所以民国初年沈尹默即与其相识，抗战前后以"词"为媒，多有唱和。

　　汪东（1889—1963）是江苏吴县人，住苏州娄门东北街，有书房名曰"寄庵"。他原名东宝，字旭初，号宁庵、寄庵，笔名有宛童、弹佛、梦秋等等。早年留学日本，毕业于东京早稻田大学。1906 年，汪东参加同盟会，投身于孙中山先生领导的革命运动，任《民报》编辑。民国建立后，曾任中央大学文学院教授、中文系主任、文学院院长等职。1949 年后，历任上海市文物保管委员会委员、江苏省政协常委、苏州市政协副主席、民革江苏省副主任委员和民革苏州市主任委员等职。1933 年，因其兄汪荣宝病逝后，汪东宝有感"雁行折翼"，遂改单名为东，因而后人多称为汪东。汪东精音韵、训诂、文字之学，亦工书画，其词学著述及创作宏富，有《词学通论》和《梦秋词》等传世，尤以所著《梦秋词》名世，不愧为著名词家。其所著《梦秋词》20 卷，计存词 1380 余阕，得词之富，为历代词家所罕见。何以"梦秋"名集，作者在《梦秋词》卷 11 的一首《浣溪沙》序中写道："余性喜秋。幼时读汤卿谋文：秋可梦乎？曰可。因自署梦秋。"《梦秋词》中的作品，收录他从 1909 年到 1962 年的历史足迹，真实地记录了老一辈知识分子半个世纪以来所走过的漫长而艰巨的历程，既有对国破家亡、人民颠沛流离的哀伤，又有老一辈知识分子的彷徨和追求。

沈、汪二人不仅共事多年，而且直到 1963 年汪东去世前，两人还互有唱和，汪东不愧为沈尹默一生的"词友"。有一首 1949 年沈尹默答汪东诗，表明了两人的亲密友谊和共同价值观。诗曰：

秀句答汪八，醇醪见刘三。交游念平生，契阔江之南。

鸟飞万古空，鱼跃千尺潭。此中有新意，与君试究探。

翠柏青玉筱，庭前雨声酣。前期终须赴，后约终须践。

人生百年内，何事不当辨。乔松故落落，小卉亦粲粲。

万物各尽情，任真无所羡。莫嗤狂驰子，狂驰循道变。

词中沈尹默称好友汪东为汪八，刘季平为刘三，于是大家也称沈尹默为沈二，从而表明了三人之间的亲密关系。又因在章太炎五大弟子中汪东居首，同仁也有时戏称汪东为"东王"。词中沈尹默回顾和汪东、江南才子刘三（刘季平）交游往事，抒发了朋友之间的思念之情，以及对顺应时代发展的美好期望。汪东的祖父汪亮钧（1827—1910）官至镇江府学训导。在前往镇江府学赴任时，正值太平军围困镇江府，而汪亮钧作为一介书生，竟"单车赴任"。到镇江后，他因治城有方，被清廷奏奖五品顶戴。汪亮钧虽然守旧于封建秩序，但他具有洞察时事的眼光，毅然把自己的二

秀句善汪八醇醨見劉三交遊念平生契闊江之
南鳥飛萬古空魚躍千尺潭峋中有新意與君試
究探峯柏青玉篠庭前雨聲酣前期終赴淩㶉
終須踐人生百年內何事不當辦高松故參㶉小草
舟忘憊䑥䑥萬物各盡情任真毛眂眂羡莫嗤程馳子
狂馳循道變

1949年沈尹默答汪東詞底稿

儿子汪凤藻送到上海广方言馆中接受西学教育。汪东两岁时，其父汪凤瀛（1854—1925）便随兄凤藻到驻日使馆习外务，因日本开战而返国，以知府分发湖北，被湖广总督张之洞聘请入幕，担任张的洋务文案。后为常德、长沙知府。入民国，袁世凯闻其才，召为总统顾问。1915年间，袁企图称帝，汪凤瀛毅然反对，并撰《致筹安会与杨度论国体书》，持"七不可"之说，引经据典，文采斐然，与梁启超的《异哉所谓国体问题者》同为当时反对帝制的两大名文，传颂南北，汪凤瀛自此声震天下。

汪凤瀛育有八子二女，其子汪东（原名东宝），其实排行是老三，只因汪东共有八兄弟：长兄荣宝、二哥乐宝、四弟楚宝、五弟桢宝、六弟椿宝、七弟松宝、八弟相宝。大姐梅未嫁给陈三立子衡恪（陈师曾），妹梅梧嫁何元瀚。此也是为何沈尹默词中称其"汪八"之故。1903年，汪东入上海震旦公学，时上海发生了"苏报案"，清廷逮捕章太炎和邹容，章、邹毫不畏惧，在租界会审公廨上慷慨陈词，宣传革命思想。汪东深受影响，遂在心中萌生革命理想。1904年，其兄汪荣宝在日本留学，召弟前来，汪东遂赴日本求学，年方15岁。到日本后，他先入成城学校，后入早稻田大学。1906年，章太炎在东京开设"国学讲习会"，定期讲授文字学、音韵学、庄子及中国文学史等课程，汪东与黄侃、钱玄同、吴承仕、周树人、周作人、许寿裳等一同前往听讲，北面受业，其中黄侃、汪东、钱玄同精于文学，吴承仕精通经学，四人有"章门四子"之称。章太炎曾将著名弟子五人戏分为天王、东王、西王、北王及翼王。汪东在《寄庵谈荟》中记载：

黄侃尝节老子语：天大地大道亦大，概余作书，是其所自命也，宣为天王；汝为东王，吴承仕为北王，钱

百年巨匠
Century
Masters
沈尹默
Shen
Yinmo

玄同为翼王。余问钱何以独为翼王？先生笑曰：以其尝
造反耳。越半载，先生忽言，以朱狄（希祖）为西王。

获得老师"东王"之封，足见其学问之深厚。

1905年，同盟会在东京成立，汪东由孙中山介绍于1906年
加入，成为该会早期的重要成员。同年，《民报》创刊，汪东担任
撰述，与宋教仁、廖仲恺、汪精卫、胡汉民等同为宣传革命的吹
鼓手。汪东署名"寄生"，在《民报》上连续发表《革命今势论》
《论支那立宪必先以革命》等文，大力宣传革命思想。1910年，汪
东回国参加江苏光复。翌年，武昌起事，上海、苏州响应，相继宣
告独立。汪东被江苏都督程德全聘为江苏都督府驻上海办事处秘
书。民国成立后，汪东认为"革命已经成功"，应功成身退，故拒
绝参加后来成立的国民党。1912年，章太炎组织中华民国联合会，
与孙中山为首的同盟会公开闹分裂，在上海出版机关报《大共和
日报》，聘汪东为总编辑，并参加"南社"。汪东的前妻是柳亚子
的姨母，比柳亚子还小三四岁，柳亚子称她"新娘姨"。柳亚子在
一则通信中说："旭初先生对我的批评'个性极强'四字，深得我
心，我非常高兴。"1913年起，汪东先后任北京大总统府法政咨议、
政事堂礼制馆主任、内务部金事、民治司第三科科长等。1917年
起历任浙江省象山、于潜、余杭等县知事。

1927年，汪东受第四中山大学校长张乃燕之聘担任该校教授
兼中文系主任。第四中山大学1928年更名为国立中央大学。1930
年，中大文学院长谢寿康调任中国驻比利时公使，时任中大校长
罗家伦又聘汪东为文学院院长。汪东还是中央大学"校歌"的作
词人，程懋筠为谱曲人。歌词是：

维襟江而枕海兮，金陵宅其中。陟升皇以临睨兮，此

实为天府之雄。焕哉郁郁兮,文所钟。宏我黉舍兮,甲于南东。干戈永戢,弦诵斯崇。百年树人,郁郁葱葱。广博易良兮,吴之风。以此为教兮,四方来同。

汪东为章太炎的高足,凡经史百家,无不研习,在音韵学、训诂学、文字学等诸方面造诣颇深,都有创获。而其词学,功力尤深,蜚声海内,被誉为近代词学大家。他不仅对词学理论之见解精深独到,而且填词创作之经验丰富。1935年中央大学的毕业生尉素秋还能清晰地追述当年听汪东讲课时的情景:"汪师讲词,能深入腠理,把作品的精微奥妙之处,完满地表达出来。听得人不但不感枯燥,简直飘飘然如入化境。下课之后,精神状态还在词的境界中,久久走不出来。"汪东还引导学生以填词作为文学实践,在课外组织词社,定期聚会,练习填词,互相观摩切磋。他教出的学生有不少日后成了研究词学的著名学者,还有像沈祖棻这样的著名词人。说起沈祖棻,都会提及汪东的"慧眼"。1932年春天,汪东在二年级的词选课上布置了一道作业:填词。当读到沈祖棻的《浣溪沙》:"芳草年年记胜游,江山依旧豁吟眸。鼓鼙声里思悠悠。三月莺花谁作赋?一天风絮独登楼。有斜阳处有春愁。"汪东忍不住拍案叫绝,并在课堂上大加赞赏。沈祖棻受知汪东后,专力填词,佳作不断。1949年春,她手定《涉江词》结集出版后,好评如潮。汪东更以"诸词皆风格高华,声韵沉咽,韦冯遗响,如在人间。一千年无此作矣"誉之。

汪东后任南京中央大学文学院院长,1937年抗战爆发后,随中大迁重庆,曾任军事委员会重庆行营第二厅副厅长。1938年与沈尹默同时应于右任之邀,任监察院监察委员,1946年经沈尹默建议任国民政府礼乐馆馆长,1947年任国史馆纂修。在重庆的八年，汪东吟兴高涨。《梦秋词》卷二《纫芳集》、卷三《兰畹集》、卷四《昭华集》均为此时所作，词计 176 首，远多于 1909 年到 1936 年间《餐英集》所存 51 首词。这既是汪东词艺日臻成熟的体现，也是大批文人墨客云聚西南所致。当时与汪东唱酬往还者，除金陵故旧如陈匪石、乔大壮外，多为各界名流，如于右任、章士钊、沈尹默、沈士远、陈百年、叶元龙、曹经沅、彭醇士、谢稚柳、唐企林、杨少五、康心如、康心之等。

收录在《梦秋词》二至四卷者，大多是与上述诸人唱酬之作。其中又以与章士钊、沈尹默唱酬为最。章士钊为国民参政会参政员，与汪东往来十分密切。汪东《寄庵随笔》记述在重庆时与章士钊唱和之乐："从行严居时，日课数韵，而行严犹恨其懒，尝谑谓'旭初诗如胡桃，不敲之，不可得也。'"《梦秋词》二至四卷收存汪东酬赠章士钊者有六首，二人交谊，于此可见一斑。

而此时的汪东，与沈尹默交游更笃。沈尹默早以书艺名家，于词亦称擅

沈尹默初到重庆时的书作

场。1927年，曾手书《秋明小词》二卷，请朱彊村圈阅。抗战中，应于右任之邀，任监察院监察委员，与汪东为同僚，且曾同居考试院之鉴斋，往来甚密。汪东《寄庵随笔》称："辛巳之夏，寓居歌乐山静石湾。考选委员会占地于此，委员长陈百年，副委员长沈士远，各有官舍，一曰衡庐，一曰鉴斋。……士远为尹默兄，而百年则余同门友也，故交契如宿。于是求尹默书及余画者日众，缣素堆案，如扫落叶。吾二人亦假以遣忧，有时寇机在空，操翰自若，余为静石湾图并记，尹默书之。夕则篝灯论艺，诗歌而外，兼及倚声。尹默自言，作慢词由此始。"汪东又云："秋末，余宿疾大发，遂入中央医院，月余还鉴斋。卧床不起，转侧者十有五月，尹默躬护视之。……此十五月中，凡有诗词，皆尹默为之录稿。"《梦秋词》收存汪东酬赠沈尹默词作有七首，为酬赠诸人中最多者。其后，沈尹默又委托宗亲沈祖棻协助汪东整理词稿。

在多年相识相知的唱酬中，沈尹默与汪东结成深厚友谊，沈尹默后来称赞两人在重庆山中相处的日子：

《呈汪旭初》

平生昆弟交，况在忧患间。

寥寥此中语，称意无增删。

山居一日娱，胜抵十年间。

笔墨不自私，为人破愁颜。

岂故弄狡狯，妙推解连环。

彼己理一致，欣戚仍相关。

倦矣不获休，途远未可还。

涧水和松涛，日夜响潺湲。

流润被四野，清源只此山。

抗战时期汪东在石田小筑为沈尹默《短篱诗集》题写的后记

1949 年 后，沈尹默和汪东同时被聘为上海市文物保管委员会委员。1956 年，最高国务会议通过了周恩来总理提出的北京和上海两地各成立一家中国画院的建议，组成了上海中国画院筹备委员会。沈、汪又同被聘为委员、画师。这个筹备委员会的主任是赖少其，委员还有唐云、潘天寿、王个簃、谢稚柳、刘海粟、伍蠡甫、吴湖帆、傅抱石、贺天健、陈秋草、白蕉等。1957 年的"反右"运动开始后，画院成立搁浅。直到 1960 年，上海中国画院才正式成立。汪东擅书画。书法初习董其昌，继而出入颜、米，饶有古法。作篆书，喜用柔毫，圆润道劲，似软却挺，有时也爱用篆书笔法入行楷，别有情趣。苏州留园、拙政园、狮子林等，都曾留下他的墨迹。亦能山水，早年他在南京任教时，与朋辈黄季刚所居相近，季刚宅名"量守庐"，汪东为之绘《量守庐图》山水一幅，并以篆书作一联云："此地宜有词仙，山鸟山花皆上客。何人重赋清景，一丘一壑也风流。"上海中国画院成立后，他又先后作《多景楼诗画卷》《唐人诗意图》《谢朓青山李白楼》《松溪仙隐图》《后村别墅图》等。1961

年 10 月，72 岁的汪东前往北京参加辛亥革命 50 周年纪念会，与周恩来、董必武等合影留念。

汪东画梅尤得同行称赞。《逸梅随笔》载，他为了画梅，到处访梅，在南京中山陵，观赏一种作姜黄色的梅花，大为称述。有一次，黄季刚、胡小石等结伴来苏州观梅，旭初和吴梅做东道主，酣饮联咏，作了许多梅花诗。他自己家园中也植梅花，有小记：

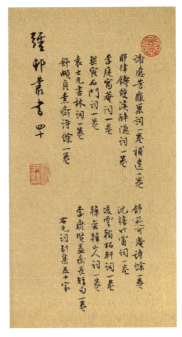

《彊村丛书》沈尹默题字

寄庵植红绿梅数株，顷盛开，余游宦时多，在家看花，尚为第一次也。平生观梅胜处，孤山最清，邓尉最盛，冷香阁（在虎丘）兼有之，然清不若孤山，盛不及邓尉也。重庆则南岸之清水溪，江北之杨园（杨少吾之家园），皆所常至。

1963 年初，周恩来总理看到汪东先生所画墨梅并《东风第一枝》词，倍加赞赏。时汪东先生正因病住在苏州医院，获悉这个消息后，捋捻着颌下雪白的长髯，点头微笑道："这是光荣的，我以后更要多画梅花了。"

周恩来总理赞赏的《东风第一枝》词，也载于汪东亲自编定的《梦秋词》中。

1939 年秋，逃难到重庆的汪东先生病倒了，沈尹默先生把他接到自己家里，照顾了汪东先生 15 个月，其间汪东先生的很多诗稿都是由沈尹默先生帮助整理的。汪东先生的《梦秋词》中就有那段时间的记述：

> 《江城子·病中寄千帆祖棻乐山，距峨嵋甚近》
>
> 萧萧落叶又惊吹。步庭墀。罥蛛丝。
>
> 几朵芙蓉，憔悴月中姿。
>
> 料得半钩云外影，山隐约，似蛾眉。
>
> 仙郎才调手同携，玉台诗。
>
> 镜鸾知。帘卷西风，刚对菊花期。
>
> 忆否江城人惜别，因病损，旧腰肢。

1963 年汪东再次因患胃癌住院，6 月 13 日，终因医治无效，病故在苏州，葬于吴县越溪陆墓山，享年 74 岁。汪东患病后，沈尹默十分关心，为祝其早日康复，赋词一首《尉迟杯》表达了两人终生的情谊：

> 旭初卧病吴门，以和清真词见寄，情词凄怆，因用韵奉酬，以宽其怀。
>
> 江南路，又一片绿霭迷烟树。湖山换着新装，犹识河桥游处。苹花旧影，长留与清波接遥浦。尽白门岸柳撩人，乱鸦啼罢惊去。
>
> 从来爱说吴中，有佳丽林园名胜相聚。秋月春花清平日，谁放过寻常歌舞。人间梦终须醒却，休更向醒时嚼醉语。老襟怀大海般宽，健来应是仙侣。

今次再看沈尹默先生帮汪东先生整理的词稿，当年的友谊还依然历历在目，只是两位先生都早已经驾鹤西行了。

百年巨匠
Century
Masters
沈尹默
Shen
Yinmo

兰亭真伪之争

　　沈尹默和郭沫若可以说都是中国近代著名的诗人。只不过郭沫若以新体诗为主，沈尹默则擅长旧体诗。

　　他们的结识还要从沈尹默的第二次出国留学讲起。按照北大章程规定，教授任满七年，可以出国进修一年。1921年，担任北大教授已经八年的沈尹默便在北大评议会上提出要到法国进修，胡适则以沈尹默不通法文为由表示反对。其实那时去法留学者又有几位通法文呢？据钱玄同讲，沈尹默早有准备，自1918年起，沈尹默就在方巾巷法文夜校补习法文了，普通班一年，口语班一年半，不是单为出国，而是作为中法大学的董事沈尹默经常需要与法国公使玛德（也是中法教育基金会会长）、代办高斯姆、导师伯希和等人在一起会面交流，所办的孔德学校也是以法文为主。之所以遭到胡适反对，事出有因，缘由是蔡元培任校长前历届教务会上徐敬候等人都讲英语，张口闭口"我们西国如何如何"，这时胡适提出北大评议会以后开会要一律用英文。沈尹默说："我固然不懂英语，但此时此地，到底是伦敦还是纽约？"随之，胡适等人用英文开北大评议会的提议被否决。面对胡适的否定，沈尹默未予解释，表示：那好，我去过日本，还是去日本吧。评议会即予通过。但又被与胡适一派的校长蒋梦麟拖着不办，直拖到1922年下半年沈尹默才来到日本京都的西京大学研修，该校与东京大学同为日本的国立大学。这是自沈尹默当年因家境贫寒，无力支付学

三馬弄騣攬入歸二馬宛頸疑尾癢一
馬住前足後舉一馬卻避長鳴嘶老髯
奏官驕且頫前身作馬通馬語復有八
矣飲且行激流響矣有辯前去玩溺
出林鶴後去欸沙鶴俛啄宛後一迁馬
中龍不彫不動尾擺風鬣生盡馬俛皮
馬舞子作詩如見畫世無伯樂二無韓
此藝比畫譜考者

坡公詩幹馬十四匹

江郭蒹葭雲水蒨絢碕岸才入酒
潭龠轉先生悅之布席閑靈福日
下與潛鱗俯見喜釣志魚臾此竿
綫優裁照我玩物之癢

江郭 惠州歸善縣治之北數步抵
江少西有靈石小潭可以垂釣作江
郭詩云

云君留玩

郭詩云

郭詩云

20 世纪 20 年代的沈尹默书作之一

费辍学后，时隔 15 年再来日本。

　　沈尹默到达日本京都时，在日本九州帝国大学医学部留学的郭沫若正值休学期间，一日郭沫若来到张凤举（定璜）住所，研究组织筹备出版文学刊物和筹备成立文学团体创造社事宜，张凤举原是《骆驼》杂志创办人，为沈尹默北大同仁，他提议把沈尹默请来一起商量，并介绍两人相识，这就是郭和沈的首次见面。后来郭沫若在《创造十年》中曾回忆道："凤举又到近处去把当时在京大研究的沈尹默先生请了来。"

　　张凤举向沈尹默介绍郭沫若，说我们准备要在上海办一种纯文艺性杂志，郭沫若没有料到沈尹默的第一句话竟是："上海滩上是谈不上什么文艺的。"当时引起郭的一种反抗心理。后来郭沫若回忆："沈先生那时恐怕将近 50 岁了，他戴着一副药片眼镜，眼睛好像很不好。脸色很苍白。"其实那年沈才 39 岁。据沈尹默在《我和

華軒藹藹他年到　絜竹行事他出縣高江上舍前無此物幸分蒼翠
狒波濤隔岸二明府憐竹覆亮臨竹草堂輕西無樹林非子謹陵見此心僮人問穆
不三年大与浣溪邊十敢陰　聞十二少府苞亮攙禾栽草堂以茂今欲栽不

聞緣李子黃梅石竹筍衡中卻歸吏果園坊裹為求來
庭庭出群非攀柳青青不折豐揺梭柳拜老盡壬年三為覓栗根
鼓子栽黃章少府班荊杞梓子

　賢書松少陵詩廿阿恆十七年正月

百年巨匠
沈尹默
Shen
Yinmo
Century
Masters

北大》一文中说："到日本后，我的眼睛就发病了。"因身体不好的缘故，郭沫若竟把沈尹默看老了十多岁。郭沫若这次谈起要在上海办一种文艺杂志，并有意拉沈一起参加，沈没有应允。于是，他们就随便谈谈京大所藏的古书，以及中国的元曲之类。不成想沈、郭的第一次见面后来居然成就了两人半个世纪磕磕绊绊的交往。

1931年沈尹默辞去北平大学校长后，来到上海担任中法文化交换出版委员会主任及孔德图书馆馆长，其间出版了不少中外文书籍。曾主动向郭沫若约稿，郭起初说没有法文译稿，沈说日文、中文都可以。于是先后出版了郭沫若《先秦天道观之进展》《石鼓文研究》等著作，其中《石鼓文研究》于1939年还作为孔德研究所丛刊之一出版。郭序中说："稿成，就正于尹默先生，期以问世。尹默亦乐于赞助，并允为序以冠编首，诚幸事也。"沈尹默认真校勘了全稿，纠正了几处舛误，并亲自撰写了序言，内中高度评价了此书："近来研究石鼓文者实非一家，比诸往昔，发明已多，唯于建石之意，推阐无遗而持论精辟者，当推此著为第一，要非阿私之言也。"1937年7月抗日战争爆发，郭沫若在祖国的召唤下秘密潜回上海。一下轮船，便直奔大西路美丽园九号沈寓。沈尹默将他隐蔽在该委员会办公处住下。郭沫若在归国途中，曾用鲁迅的诗韵写了一首极为著名的七律："又当投笔请缨时，别妇抛雏断藕丝。"沈为郭的爱国激情所感动，也曾和诗，并载诸当时报刊。

1932年离京赴沪的沈尹默

面对一向高傲自大的胡

适，郭沫若与沈尹默感同身受，这也是郭、沈志趣相投的原因之一。1921 年 8 月 9 日郭与胡在上海第一次见面，是在商务印书馆编译所请客吃饭席间，主人向胡适介绍："这是沫若先生。我们沫若先生很有远大志向，不久就要折回日本去继续学业。"胡适说："很好的，我们就等郭先生毕了业后再作商量了。"同席有人称赞说："有幸亲炙两位新诗人第一次见面。"胡适说："岂敢岂敢！要说新，我们郭沫若先生才是真正的新，我的要算旧了。"此后不久，创造社成立，出版物问世，郁达夫文章遭胡适反击。郭沫若评论："你北京大学的胡大教授哟 …… 我劝你不要把你的名字来压人，不要把你北大教授的牌子来压人，你须知这种如烟如云没多大斤两的东西是把人压不倒的。"

抗战期间，在重庆郭、沈亦有来往。1941 年 11 月 16 日，为庆祝郭沫若 50 生辰暨创作生活 25 年，周恩来同志在《新华日报》上发表了《我要说的话》，而就在这张报上，同时还发表了沈赠郭的诗及郭的和诗。沈诗云：

《赠郭先生》

吾爱郭夫子，耽思入反听。

精粗疏古事，新旧立新型。

已讶多文富，还能大户醒。

行途刚半百，珍重鬓毛青。

郭答曰："法纲经年密，清谈片刻醒。山头松柏翠，未逮眼中青。"这可见他们是青眼相对的朋友。1949 年后，郭、沈在京在沪，时有过从。郭沫若有一次还特地去沈寓观赏沈珍藏的十几方砚台，其中"眉毛砚"一方尤为郭所赞赏。

1942 年 11 月底，当时郭沫若正任职于国民政府军事委员会政

前歲涑若自東京寄書乘云別包
原稿各項奉上此項資料之可貴
想早在洞悉中弟實費卻莫大
之苦心始得入手此邦人士中得窺
其全豹者僅一二人在中國除舊
藏者及弟而外悲當以吾下為弟
三人矣信中兩謂可貴之資料乃
明無錫安國氏兩藏石鼓文先鋒

沈尹默为《石鼓文研究》所作的序

治部，四川文化名人车瘦舟到重庆后，两人见了面。就在这时，车瘦舟将王晖石棺拓片转赠给了郭沫若。石棺雕刻拓片所透露出来的艺术水平，让郭沫若惊叹不已。郭沫若随后在两天中接连赋诗两首，以抒发自己对王晖石棺雕刻艺术的赞许之情。其中在《题王晖棺青龙图》诗中，有"地底潜行二千年，忽而飞来如我手。诚哉艺术万千秋，相逢幸有车瘦舟"二句，充分表现了郭沫若一睹王晖石棺雕刻艺术以后的欣喜之情，并表达了对将石棺拓片赠予自己的车瘦舟的感激。而在另一首诗《题王晖棺玄武像》中，郭沫若留有"憎到极端爱到底，总以全力相盘旋"的诗句，将王晖石棺的艺术造诣与米开朗琪罗及罗丹等西方艺术大师相比较，并在该诗后给车瘦舟的复函中坦言"不臆东汉末年，芦山偏僻之地竟有如此之无名艺术家存在也"。给了王晖石棺上所承载的雕刻艺术以高度评价。

正因为王晖石棺和同样著名的樊敏碑在年代、地点以雕刻风格上都极其相似，因此郭沫若认为王晖石棺雕刻的作者，就是樊敏碑上所署的"石工刘盛"。"而在当时，对于郭沫若的这种观点，国民党元老于右任以及著名书法家、诗人沈尹默，也都怀有同感。这两人也为王晖石棺拓片题了诗词。"沈尹默所题诗为：

《题王晖石棺青龙图》

王君碑纪建安年，一旦雕龙出世间。

欢喜题诗同郭老，千秋无改汉河山。

《题王晖棺玄武像》

昔闻巨蛇能吞象，今日蛇尾缠灵龟。

四目炯炯还相向，思欤怨欤孰得知。

物非其类却相从，蛇定是雌龟是雄。

相与相违世间事，悠悠措置信天公。

其中"欢喜题诗同郭老，千秋无改汉河山"一句，既表明了自己赞成郭沫若的说法，又在抗日战争这个民族存亡的紧要关头，抒发了自己对于中国必胜的信念。

此诗题在郭沫若所得王晖石棺拓片上，其中玄武为龟之古称。

1961年10月，毛泽东主席书写鲁迅"万家墨面没蒿莱"一诗赠日本友人，沈尹默受到启发，曾写《也谈毛主席书赠日本朋友的鲁迅诗》，发表在11月1日《人民日报》上。当时正在杭州的郭沫若读到沈文后，于3日写了《翻译鲁迅的诗》一文，高兴地说：

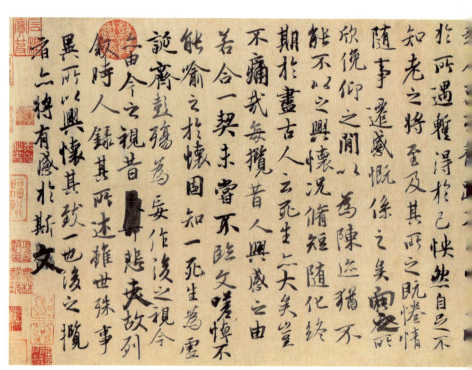

冯承素摹《兰亭序》

"尹默的见解和我完全是一致的。"

当然，他俩的见解不一致时也是有的。其中最为著名的是《兰亭序》真伪之争。

1965 年，郭沫若发表了《由王谢墓志的出土论到〈兰亭序〉的真伪》一文，断言《兰亭序》是隋僧智永托王羲之之名所作。沈不同意郭的观点，曾写数首七律，鲜明地表述了自己的观点。事情的经过大体是这样的，1965 年南京象山地区相继挖掘出王兴之夫妇墓和谢鲲墓，其两块墓志上的书体均为隶书体。于是，郭沫若便依据晋人王谢墓志的书体与《兰亭序》笔迹迥殊，由此断定

《兰亭序》从文字到文章，都不是出自王羲之之笔，并且推断后人所崇拜的王羲之字迹大都不是王羲之自己写的，《兰亭序》是伪作，其文章和墨迹均是王羲之的第七代孙智永托名王羲之所作。观点公之于众后，顿时掀起轩然大波。对于郭沫若质疑《兰亭序》的真伪，陈叔通曾写信给沈尹默。沈回信说："公谓南京出土之王、谢墓志，自别是一事，与兰亭无涉，确是如此。郭公对此忽尔兴发，写此弘文，实不可解也。"如果说《兰亭序》是伪作，将引发对汉到魏晋 500 年中国书法史的重新认定，六朝以下书史、书评也将重新书写。此时，南京著名书法家高二适撰文反驳，认为郭沫若以两块碑石而断东晋只有隶书一种字体，孤证不立，偏难概全。高二适还写下《〈兰亭〉的真伪驳议》。

东晋《王兴之墓志》

然而，鉴于郭沫若在学术界的崇高地位，高文寄到相关报刊均被退稿。于是高二适将文章寄给章士钊。章士钊将高二适的文章转呈毛泽东。毛泽东看了章士钊的信及高二适的文后，回信给章士钊说："高先生评郭文已读过，他的论点是地下不可能发掘出真、行、草墓石。草书不会书碑，可以断言。至于真、行是否曾经书碑，尚待地下发掘证实。但争论是应该有的，我当劝说郭老、康生、伯达诸同志赞成高二适一文公之于世。"毛泽东在给郭沫若的信中则写道："章行严先生一信，高二适先生一文均寄上，请研究酌处。我复章先生信亦先寄你一阅。笔墨官司，有比无好。未知尊意如何？"此后，在毛主席的亲自关怀和支持下，《光明日报》和《文物》杂志均先后刊载了高二适《〈兰亭序〉的真伪驳议》一文和影印的手稿。郭沫若针对高文再次发表了《〈驳议〉的商讨》和《〈兰亭序〉与老庄思想》两文，与之辩论。尔后，高二适也再次写了《〈兰亭序〉真伪之再驳议》一文，回敬郭沫若。在全国学术界很快呈现出了一片"百家争鸣"的繁荣景象，一时间从中央到地方的报刊均刊登了有关《兰亭序》真伪的论文。沈尹默当时未对外发表诗稿全文如下：

项得京中友人说及马路新闻，兰亭自论战起后发生许多不正当的地域人事意见，分歧揣测，仍用前韵赋此以辟之，1965 年。

论战何分南北洋，更无人事涉张王。

交锋专对兰亭叙，却病多求海上方。

胸中疑团文脉乱，言符事实理由长。

诚然好辩原非恶，轲也栖遑枉论梁。

当时参加争论的学者，除郭沫若、高二适和沈尹默外，还有龙潜、启功、于硕、徐玉森、赵万里、史树青、商承祚、严北溟等人。双方争论的焦点，在于流传至今的晋代王羲之所写的《兰亭序》是真的还是后人之伪作。两派争论不休，因双方都没有充足证据，故此争论，最后也没有结论，时值"文化大革命"前夕，缺乏正常的学术争鸣空气，因此沈尹默有关论证《兰亭序》绝非伪作的几首诗也

东晋《高崧墓志》

就不曾发表，这两位老朋友也未能好好地商榷一番。

直到 30 多年后的 1998 年，郭沫若一句"等到以后出土了（其他书体）再说吧"才得到了应验。南京市博物馆在南京东郊挖掘六朝古墓群，出土了两方砖质墓志，为东晋侍中、广陵人高崧及其夫人谢氏的合葬墓。东晋名臣高崧卒于公元 366 年，夫人谢氏卒于公元 355 年，而王羲之卒于公元 361 年，可以说，他们生活在同一时代。这两块墓志上的书法是楷书体，这就为这场《兰亭序》真伪之辩，提供了实物佐证，以后又陆续出土各种墓碑 30 多块，从书体上来看，东晋时期书体已经转型，出现了多种书体，不仅有隶书，而且真、行、楷、隶兼而有之，证明了王羲之以行书风格书写的《兰亭序》绝非后人伪作，自此说明王体书法自东晋始发，经久不衰流传千年，成了中华民族绚丽的瑰宝。只可惜沈、郭两位都已归道山，如二老在世，怕又有一场笔墨官司啦。

御史荆
南節度

抗战时期沈尹默蛰居重庆，同期这里聚集了一大批文人学者，艰苦卓绝的生活条件，更加激起沈尹默同仇敌忾的创作热情，这一时期沈尹默书法日臻成熟，他的不少书法精品代表作均出于这一时期，同时他在政治上更加成熟，在多次弹劾孔祥熙、宋子文等高官贪腐无果的情况下，愤而辞去监察委员，自甘清苦，以鬻字为生，直至上海解放。

轰动雾都的《寺字诗》

百年巨匠
Century
Masters
沈尹默
Shen
Yinmo

沈尹默于 1939 年 5 月自上海来到重庆，9 月应监察院院长于右任之邀担任监察委员。抗战时期，这里聚集了一大批文人学者，这里面既有大哥士远、三弟兼士、远房迈士、祖菜等，也有同仁陈大齐、朱惕先、章士钊等人。这一期间尽管妻离子散、生活艰难，又常常遭到敌机轰炸，但是沈尹默和大家一样对胜利抱着必胜信心。

这时的沈尹默，把随自己来四川的小儿子沈令昕送到成都参军，沈令昕黄埔十七期毕业后奔赴抗日前线，直到抗战胜利退伍。沈尹默自己则以笔墨作刀枪支援抗日。

据当年《新华日报》报道：沈尹默、梁寒操、郭沫若等人发起成立友声书画社，以所得润资，捐助抗战军人家属。抗战时期沈尹默连续在重庆多种报刊杂志发表抗战诗篇，战后，这些诗稿不少都遗失了，沈尹默曾说："我的诗外面流传得不少，老友章行严（士钊）

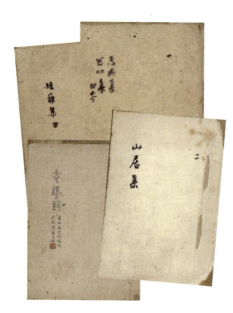

未曾出版的沈尹默入蜀诗词手稿

有我很多诗稿。我北大时的老学生朱豫卿（家济）抄了我不少诗词，香港大学之曾履川（克耑）也有我不少诗稿。""诗逾万，无法搜齐。词可能比较容易些。"不幸中的万幸是沈尹默将这一时期所作的手稿曾经自己结集装订成为四卷《漫舆集》《写心集》《山居集》《短篱集及小令》，经过几次搬家以及敌机轰炸，在重庆的兵荒马乱中沈尹默以为此四卷早已遗失了，谁知道这四卷居然几经辗转，最后送到北京妻子朱芸手中，此时沈尹默早已返回上海了。妻子朱芸拿到此四卷时，生活极度困难，即使如此朱芸也没有出手。1949 年后，朱芸无偿献给了国家，由于藏于北京图书馆（今中国国家图书馆前身）地库而躲过了种种劫难，多年无人整理也就没有发表,这些诗书一体的原作底稿, 辞藻优美, 抒情纪实, 书写极精, 堪称中华文明的瑰宝。

1934 年在中法文化交换委员会的沈尹默

百年巨匠

Century
Masters

沈尹默
Shen
Yinmo

沈尹默、朱芸夫妇合影

沈尹默 50 岁

沈尹默虽没有写日记的习惯，但仅就上面四卷的内容来看，堪比日记，他无事不入诗，无字不入诗，诗书一体，以诗纪实，以诗寄情。

比如《日蚀》一首对我国400年来经历的第一次日全食作了全景记录，他是这样写的"中华民国三十年（1941年）九月二十一日旧历八月壬申朔也，午前九时许日食……"该诗不仅详细记录了日食发生的时间地点和过程，同时联想到历史上发生日食取得抗倭的胜利，联想到今日抗战也必将战胜日本法西斯。

又如一首《百年》写于1942年11月，他写到"去岁十月十日雷雨，传我军攻入宜昌，今年是日，英、美两国共同宣告放弃在华特权，美费城击自由钟三十一响，以致庆意。"诗云：

雷雨声犹在，风云势渐宽。

百年异荣辱，此日倍艰难。

钟动还相警，兵销始尽欢。

先民述往事，历历待开看。

翻开他的诗集还可以看到当年的社会和生活的日常纪录，如有一写聘用伙夫不就的小事：

又来仆人戴青海，有谓其不堪做勤务，作者因此嘲之。

名曰青海赛昆仑，蓝布着装一身村。

厨刀放下没安顿，毕竟出身是凡人。

词曲家卢前是吴梅的弟子，少年成名，有"江南才子"之称。抗战时期入蜀，任职国立编译馆，编有《民族诗坛》杂志，与于右任、章士钊、沈尹默等常在一起作诗，战后回南京任《中央日报》主编。曾在《中央日报》的《泱泱》副刊第 235 期上，登有沈尹默《匏瓜庵小令》一卷，共 37 首，与后面还要说的"寺韵诗"一样，对当年沈尹默在重庆的生活有生动的描写：

《仙吕·游四门·二十五日防空洞中应公武教》

一声警报起悠悠，空袭又临头。

防空洞里相厮守，也算是同舟。

仇，百世不能休。

《仙吕·游四门·百年宴我于忘机世界酒香冽而不敢饮戏呈一首》

忘机世界坐闲闲，吃到第三天。

只差八宝无油虾，好果许多？

干，一盏下喉难。

《中吕·醉高歌·怀森玉安顺》（二首）

山中今日何如，可有闲情听雨。

闲来也有闲来苦，拉住挑夫对语。

又：

> 蓑衣斗笠何如，依旧斜风细雨。
>
> 从来不解吟诗苦，留下放翁恨语。

《仙吕·寄生草·消闲》

> 纷忙里成何趣，消闲里有甚思。
>
> 万般不满同和异，千年不了非和是，一生只有醒和睡。
>
> 好安排几韵自家诗，且休提两个弥陀字。

《南南吕·一封书·相思》

> 真真不相思，怎安排几首诗。
>
> 真真要相思，怎沉吟几阕词。
>
> 风吹榴子依前活，雨打杨花彻底稀，
>
> 怕分离，又分离，恰在春三二月时。

以上虽是小令，涉及面却很广，卢前在前记中说：

> 岁己卯（1939年），吴兴沈尹默先生西上，始相晤渝
> 州上清寺陶园，时与长沙章行严（士钊）诗简唱和，叠一
> 韵至百数十首不休。见前为北词，乃假乔、张诸集以制。
> 先生天机活泼，妙造自然，偶尔命笔，趣合元贤，非诗即
> 曲，昕夕不辍，尝自戏呼为"长打短打"，三原于公诗所
> 谓"君能左揖关汉卿，又使长沙见猎惊。山河百战一枝
> 笔，长打短打俱闻名"者也。

由此可见，最初此诗战叫"长打短打"。尤与章士钊等人在重庆
时期的诗书往来最多，有一段一字之差引起的"寺韵诗"唱和佳话。

事情的经过要从于右任的一首诗讲起，湖南版《于右任诗词

集》中有一诗题作《尹默与行严竞和寺字韵又与冀野竞曲名曰"长打短打"》，行严、冀野分别是章士钊、卢前两位先生。"长打"指的是沈尹默、章士钊叠唱寺韵诗。黎泽济先生写的《桑榆剩墨》中有《吟坛喧寺韵》一文，当年《寺字倡和诗》原书油印二册，《寺字倡和诗》曾由诗人曾克耑(履川)编印成册编印，内收章士钊、沈尹默、汪东、曾克耑等十数人诗四百多首，由章首唱，诸家叠韵，首句用"寺"字为韵，因称寺韵诗。《寺字倡和诗》内收沈尹默诗 36 首，最后一首《三十六用寺韵为右任院长题标准草书》改题为《题于右任标准草书歌》，后又收入《沈尹默论书丛稿》(此书由马国权先生于 1980 年在香港出资出版)，其余 35 首均为佚诗，第一首《次行严寺字韵即赠》云：

> 自公退食□池寺，一帘风日理文字。
>
> 明珠草木借光辉，诗成始信涪翁异。
>
> 源流清浊分江岷，是非争辨何□□。
>
> 文章得失寸心事，拗性肯为他人驯。
>
> 骚人墨客论车载，中有几人面目在。
>
> 洛阳纸贵自一时，何用声华溢四海。
>
> 十年相遇还相卿，白发盈颠未足惊。
>
> 后生且莫谤前辈，孝章要为有大名。

章士钊答诗云：

> 当日北学如荒寺，疑古重闻鬼哭字。
>
> 平生一首俳体诗，欲向苇间讨灵异。

章士钊和沈尹默都曾为北大教授。"三一八"惨案时，章任司法总长，是该发生该惨案的罪魁祸首之一，沈尹默在北大任教，曾声讨过"老虎总长"章氏，为此，沈与其十多年不相往来，战时北大不少同仁均在重庆相遇，这些人心情归于平淡，恩怨已消，和好如初。章士钊与胡适见面合影后，"俳体诗"就是章士钊写的一首白话诗，而提倡白话诗的胡适却赠还了一首旧体诗，可见新旧两派代表人物在论战的同时，保持着不错的私交。沈尹默当时眼力已不好，将章诗中的"俳"字错看成"佻"，在接着的答诗中写道："不唱佛陀不住寺，闲向人间弄文字。虽然一首佻体诗，落笔便令人诧异。"章继作《五十叠韵答尹默》，指出了他的误读，中云："招提本来不是寺，俳优佻达非同字。诗忆当年白话作，先生右眼微有异。……六朝诗学高千载，君家乃有休文在，休文依旧多名篇，君默自然争掣海。"诗中休文是文学家沈约的字。沈尹默原名沈君默。读了章诗，沈尹默又以《六用寺韵前诗误俳为佻本诗正之因答行严》诗相答：

> 招提非寺仍是寺，眼蒙不审俳佻字。
>
> 烦君七步答我诗，珍重磨勘辨同异。
>
> 江名孰是汶与岷，法言不别□与□。
>
> 鞭勒一朝入我手，要使恶马如鹿驯。
>
> 吾家休文重千载，自惭谓有云仍在。
>
> 何如旭初足典型，不是潘江即陆海。
>
> 东山不出无人卿，点染空教红袖惊。
>
> 太息还君诗一纸，掷笔惆怅无由名。

一字之误引出多位诗人的唱和，参与的有汪东、马衡、朱希祖、于右任、朱豫卿（家济）、曾履川（克耑）等人，这些好友互为唱和，时有精彩之笔。诗的叠唱，一般是在律诗中进行的，寺韵诗为七古长庆体，共 16 句。这次唱和是在 1939 年年底开始的，延续了多年，曾轰动雾都重庆。

石田小筑的男客女宾

沈尹默一生没有购置过房地产，终身租屋居住，唯有寄居重庆静石湾，借地营屋，取名《石田小筑》。每日来到这里的客人不断，既有老友于右任、朱希祖、章士钊、汪旭东、乔大壮、陈世宜、叶元龙、曾履川和潘伯鹰等人。也有学生王静芝、张充和、台静农、沈祖棻和金南暄等人。

沈尹默为人谦和，用他自谦的评价说是"庸懦"。他曾作有《自写》一诗，更被认为是其本人的真实写照：

　　自写情怀自较量，

　　不因酬答损篇章。

　　平生语少江湖气，

　　怕与时流竞短长。

但在书法上，沈尹默却自视甚高。王静芝曾有文章记叙当年到《石田小筑》看望老师的情景：

　　有一天，我看先生写一条幅，实在太好。我禁不住的称赞，不知怎么我忽然想起董其昌，我就顺口说："二先

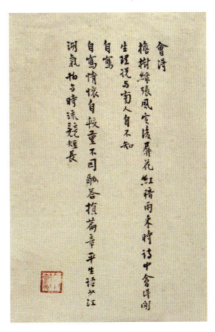

沈尹默书自作诗

百年巨匠
Century
Masters
沈尹默
Shen
Yinmo

生，董其昌总算不错了！"先生正写着，抬头看看我说：
"董其昌？还差一点儿！"我直感的了解，先生是说董其
昌比起先生还差一点。我连忙应声："哦，哦！"先生低
下头去又写，口中自言自语："米元章以下！"

这句话真使我惊讶！我的理解是先生真的自许，米
元章以下无人可比啦。

荷兰公使高罗佩通晓 15 国语言，虽游宦多国，唯独钟情汉
学，1943 年来到重庆与沈尹默毗邻，书写对联一副"窗前蕉叶映
金井，盘里兰花落朱梁"求正于沈尹默，该联作于 1944 年，此幅
挂轴后来沈尹默带到上海，一直挂在秋明室书房。高罗佩曾主笔
《世界美术大辞典》，称沈尹默先生
为民国第一大书家。1946 年，告别重
庆成为高罗佩生活的主旋律。巴克
曼说："他的告别竟然持续了几个星
期。几乎每天都有中国朋友给他送来
卷轴画，内容是用很艺术的书法表达
的祝福……"这些作品后来由沈尹默
题签，结集为《巴江录别诗书画册》。
一张拍于"中华民国三十五年三
月"、题有"天风琴社与渝都各界饯
送荷兰高芝台（高罗佩字芝台）博士
水世芳夫人回国"的老照片成为高罗
佩的重庆岁月"定格"，也为"天风
琴社"与众不同的文化格局"定格"。

1946 年 3 月，沈尹默题签《巴江
录别诗书画册》上下册，并赠《临江

高罗佩送给沈尹默的对联

仙》词作别高罗佩夫妇。沈尹默《临江仙》词曰："新燕交飞浑未惯，输他舞袖轻盈。年年南陌复东城。一尊花下，长记别离情。丽日和风游更好，朝来忘是清明。烟波江畔踏青行。春愁如草，已向岸边生。"

沈尹默题签《巴江录别诗书画册》

1944 年 11 月，黄苗子与郁风的婚礼在重庆当时最著名的嘉陵饭店举行，婚礼由吴铁城主持，证婚人沈尹默。男女傧相由两对夫妇担任，他们是叶浅予和戴爱莲夫妇、冯亦代和郑安娜夫妇，黄苗子的母亲特地从香港赶来参加。那一天，嘉陵饭店里灯火辉煌，各界名流云集此间。沈尹默的贺礼是一幅题诗："无双妙颖写佳期，难得人间绝好辞。取譬渊明远风句，良苗新意有人知。"

沈尹默贺诗

黄苗子郁风夫妇

　　除去这些男客，还有多位女宾出入石田小筑，给离乡背井的沈先生倒也带来了一些生活的乐趣。

　　著名漫画家华君武曾是金南萱的学生，金家是民国初期杭州的富商，金南萱毕业于杭州女师，师从西泠第一任社长王潜楼等名画家，游学日本，归国后曾在杭州一中教授美术，后在沈尹默主持过的中法大学、北平孔德学院、女子文理学院等院校担任过美术讲师，1933 年曾因获得航空奖券头等奖金五万大洋名噪一时。1940 年与丈夫周敦礼为避战火来到重庆，1942 年与沈尹默共同出资在静石湾曾家岩盖了一排平房，借用明代吴门书画家沈周之名，取名"石田小筑"。当时监察院委员可以配备多名勤杂人员，但是沈尹默一直只用一个叫邱治云的杂役兼做饭，自从和金南萱为邻后，多了一位书画朋友，也多了一位做饭帮手。这一时期有不少由金南萱作画，沈尹默题款合作的作品。其中比较有名的是一幅《重庆山水》。

　　金南萱确实是一位"下得厨房，上得厅堂"的贤妻良母。沈尹默的日常客人少不了由金南萱招待，沈尹默曾作书夸金南萱："镜里如云黑发多，略施朱粉笑颜酡。瑶池千岁蟠桃熟，又共周王共揽过。戏呈南萱大家，莫怪，莫怪。石田小筑之尹翁。"直到战后，

沈尹默临《大唐中兴颂》

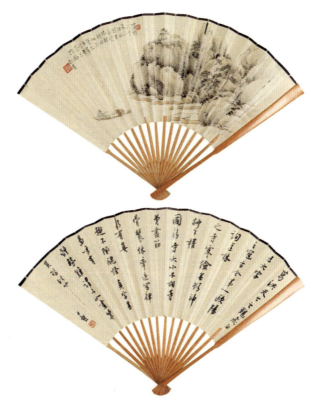

沈尹默和金南萱合作的扇面

金、沈回到上海，仍毗邻而居，保持友好来往。

说起金南萱不能不说另外一位女士，张充和。张充和曾深情地回忆这一时期和沈尹默的学书经过：

> 我和沈尹默先生是在抗战的时候在重庆认识的。沈
> 先生那时在检察院于右任那里。我拜他做老师，他说
> "你拜我当然很高兴了，但是你不能光学我，一个人要
> 有自己（的书法风格）才行"。他说"我只能教你方法"，
> 他就教我怎么用笔，怎么看字帖。他说"你不要学我的

百年巨匠
Century
Masters
沈尹默
Shen
Yinmo

喋喋小吏非社稷业
重上从言孝益時有
蟄寓南芭八蘿西鄾
張騫廣通風俗開定
从茲北震五狄東勤
九夷荒遠既殞各貢
所有張是輔漢世載
其德夭既且於君盖

盖其繢繢繢茨鴻位
常在股肱毂為從事
毂無細間徵拜郎中
除毂城長蠻月业務
不閒四門膓匹业儵
休因歸賀八月英民
不煩於鄉隨就虚落
孝恆高丰路無拾遺

沈尹默临《张迁碑》

兰以此君子而贵者曲深黙然空谷中幺香
人亦钦志士素美德如空谷兰写贤而辞光去
寒光乔林偶然为時出节义凛森下怀丞麼空
上当君志功成而幺果宿如去云岑　　題美兰
兰为君子佩柑根不常門出各发远馥九晚咏
王琼兰为美人采萍藻掩芳涤沭浴助栉種尘为
蒋泽設葉为老仙姑不开雪如兔山玄景入天山名字留
人间兰为老香都远荐清廟狷狝弓建去并入
琼琴調　　蘭名高石花選孤根托
地室芳心麈時展陽如一披拂春色幺深浅清风色
六合熟为知者鲜揆琴思古人古幺唯邑纳屑崖
数枝竹美相慶勉禮華须勉進蒴穎行高齐卒
此提餘李披圃漫舒卷
王華先生
　辛丑中秋
　尹黙
　　　　　王華先清鉴
　　　　　　充和寫

张充和画
沈尹默题诗

129

百年巨匠
Century
Masters
沈尹默
Shen
Yinmo

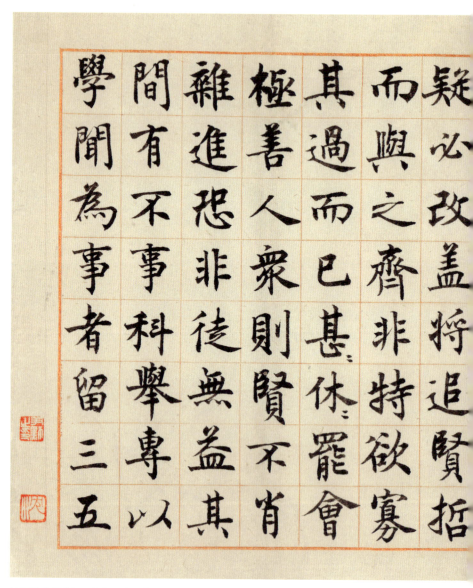

疑必改蓋將追賢哲

而與之齊非特欲寡

其過而已甚休罷會

極善恐人衆則賢不肖

雜進不事科舉專以

間有為不事科舉以

學聞為事者留三五

沈尹默节录《与吕伯恭正字书》

元晦一意古學固無
可議只是晚革喜假
其說輕試而妄用其
於許可之際更勸其
致審爲佳不息之學
世之資濟不息之學
皇皇焉有言必詢有

百年巨匠
Century
Masters
沈尹默
Shen
Yinmo

沈尹默赠张充和诗册页

字。照你的办法写，很好"。

　　他开了十几种字帖让我临。他告诉我学他的字不成体统，不要学他，临帖去，不要临一种帖，要多种帖才行。他不写隶字篆字，就是写楷书，行书，写到极点了。他只教我方法，他说学人家的字，要多方面地学。要从古人的很多字帖上学，不要学一个人的字。

　　平时总是看他坐在那里。理论没有多少理论，就是写，临写。他不教理论，教我执笔的方法，食指虚张，掌竖腕平。他说你要"掌竖腕平"。他这个执笔要"起来，

掌竖，这个地方要平，平起来"。要实指虚腕。指要实实
在在的，腕要空着，这样一来，劲从这里来的，即使写小
字也是这样的。实指虚腕。这个锻炼很大。

　　我经常看他写字。他眼睛很近视，我就站在他前面，
看他写。他很少写很大的字，他要是跟人家写大一点的
字，我就给他拉纸。沈先生的字是宝贝。他的字很纯熟，
自然。他的笔法快得很，大字少，都是条幅。他自己磨
墨。一般总是在写字，跟他讲话的时候，他头都不抬地
写，他看不见人的，很近视了。但写字很好，龙飞凤舞
的。看他笔画的运动，好像跳舞一样的，很好看的。

　　当时我们在重庆用的水，是人工从江里挑来的，用水
很金贵。沈先生用它磨墨洗砚，他有他的方法。是什么
方法呢，他看砚台要是余墨比较多的话，他就把废纸拿出
来，把砚台加上水，在那写，不管什么纸，写字，写到砚
台差不多干的时候，就拿清水洗，把笔放上面，就在砚台
上洗。因为水很金贵，就是一点水，他用它写字，用它洗
笔。洗笔也不在水里洗，水还留在那里，还用，就在砚台
上洗。然后砚台就干净了。他说笔根干净，最是要紧。

　　在重庆的时候，有轰炸，大家都在歌乐山住。沈先生
本来在重庆有住的（地方），后来在歌乐山，住着一批文
人。沈先生不吃猪肉的，最爱吃糯米丸子，一口一个。

　　我到重庆去的时候，常常是一个人去的。去看沈先生
的时候，我要回青木关，坐公共汽车，他不放心，要送我，
一直送到上公共汽车。他近视眼，很深的近视眼，我们一
路讲着，走到公共汽车站我就上车了，我就跟他说再见，

说再见的时候，他就转身回去了，我就跳下车，跟在他后面，因为我怕他走迷失了路。我就看他，他要回他那个地方，住的什么地方我忘记了，我就跟在他后面。他眼睛不好，走一路问一路，一路问人，居然就到了。他不知道我跟着。我就怕他走迷路。结果他本事大，一路问，一路问。我笑死了。他不知道我跟着，后来我也没有告诉他。好玩。

张充和晚年在美国耶鲁大学任教，曾接受过苏炜的采访，苏的笔记是这样记录的：

一提起沈尹默和金南萱，张充和也笑起来："说起来，我跟金南萱还有同床之雅呢。那一年 —— 大概是 1941 年，四川一位杨姓乡绅请沈先生、金女士、乔大壮和我一起，到他们在歌乐山以外的一个叫杨家花园的山庄去住两天，一起吟诗、写字、作画。那两天，我和金南萱同睡一张老式的大床，她就跟我细讲了她的身世来历。那个未成媳妇就先成寡妇的故事，是她亲口告诉我的，听得我真不好受。"

"这位金女士，后来还一直跟着沈先生么？"

"沈先生一直善待金南萱。在重庆时候，金南萱开过画展，沈先生还为她帮忙操持，写诗题字的，很尽心。我记得金南萱先生姓张，婚后还生了一对双胞胎。那以后，我结婚、出国，就和金南萱断了联系了。"

"红颜知己"，我心里浮起这个字眼。从沈尹默先生为张充和留下大量的诗文手迹看，张充和与沈尹默之间深挚的师友之谊，可以配得上这个字眼，金南萱，或也可以算其中的一位。

第八章 逢春化雨尽才智

一生以追求社会进步为己任，怀揣教育报国理想的沈尹默，直到新中国成立后他的愿望才得以实现。为了给中国书法正名，他甘冒个人风险，多次在各种会议和场合，提出建立书法研究组织，开展群众性书法活动的要求，在报纸和刊物发表了一系列文章，在他的不懈努力下，在党中央的大力支持下，中国书法史上具有巨大影响力的『上海中国书法篆刻研究会』终于一九六一年四月在上海成立。

陈毅进城拜访第一人

1949 年解放上海的炮声刚刚平息，上海解放后的第三天，一个阳光明媚的上午，上海市市长陈毅同志便在李亚农同志的陪同下，看望了沈尹默。沈尹默和这两位老友已经多年不见，沈尹默没有想到共产党的高级领导这么快就来看自己，历经坎坷的重逢，让沈尹默又激动又高兴，当时他正在楼上看书，听说陈毅同志来了，急忙要下楼，陈毅同志已经"咚咚咚"地上来了，一见面，陈毅同志紧紧握住沈尹默的手，操着浓重的四川口音对沈尹默亲切地说："我拜访上海市高级知识分子，第一个就是你沈老。"接着问了现在家里的生活近况，陈毅同志讲："你们是共产党可靠的朋友，共产党欢迎你们，还要借重你们，为革命大业共同工作。"陈毅同志向沈尹默介绍了当前的形势和对知识分子的政策，还希望他能到北京去看看，并问他希望做些什么工作。陈毅同志说："上海刚解放，群众对政策还不清楚，这是难免的，你们可以到北京去看看，回来可以帮上海做些宣传。"沈尹默讲自己从事文化教育工作多年，酷爱诗词书法，表示愿意在文教方面做些工作。

沈尹默曾任中法大学的董事。陈毅同志是中法大学 1925 年的毕业生，李亚农也是沈尹默的学生，1933 年到 1937 年李亚农曾先后在北平中法大学、北平大学等校学习并教授哲学等课程。1937 年李亚农来上海，到沈尹默主持的中法文化出版委员会下属的一个汉学机构"孔德图书馆"（又称孔德研究所，馆长和所长均为沈尹

1951年，沈尹默（前排左五）参加上海市人民政府市长暨政府委员就职典礼

默）从事学术研究工作。1941年到苏北
解放区任新四军政治部敌工部副部长，
上海解放后，随大军到上海。三位老友
相逢不免谈起往事和故友，接着，陈毅
又问起前中法校长李石曾："李石曾先
生是我早年读书时的校长，你和他交情
深厚，能否写一信请他回来？"这时李
石曾已去了香港。沈先生接受委托，便
给李石曾去信，但是信到之日，李石曾
已远去巴西定居了。

此次谈话不久，陈毅同志便请沈尹
默担任上海市文物保管委员会委员、市
政协委员、市人大代表和市人民政府委

陈毅的中法大学毕业证书存根

沈尹默被聘任为中央文史馆副馆长的聘任书

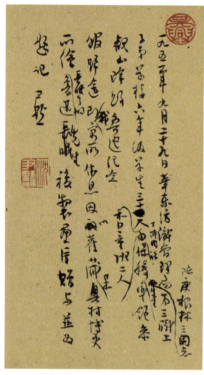

沈尹默 1951 年 9 月日记一则

员等职务，以后又担任第二届、第三届全国政协委员、第三届全国人大代表。1960 年被国务院聘任为中央文史馆第二任副馆长，1961 年被选举为上海中国书法篆刻研究会主任委员，1962 年被选举为上海市文联副主席，1963 年被选举为中国文联委员。

进入新时代的沈尹默面对新气象感慨万分，吟诗作赋，年年有新作，他曾有三首七言绝句抒发上海解放后的愉悦心情，其中一首赞解放大军："秋毫无扰取名城，大炮昂然未许鸣，晓出居民始惊动，红军夜宿到天明。"他还作有 370 字的五言绝句《祖国颂》和 197 字的《哨遍》等一批歌颂祖国歌颂党的诗篇。

金国大跃进锅铁为之钢铸炉高产额
千百万吨铁田间赛车田山积棉与稻海
忆见诗画多多庆丰穰人民群动发
以壮通四方三化趋一致又复论城乡社
会团你改场作坤力重人竞献其宝
地农爱而藏述作令酌古技术土合
洋经涵高部後文化放光芒一歌
大衛星再歌红太阳胜利揭
难忘胜利年一九□十月廿九
胜利廿曰宝经忘

《难忘胜利年》

《祖国颂》

祖國頌

中華人民共和國建國十周年國慶
節紀念之作

馬尔薩勒論慶志為人口之
六倍餘雖手慶勞動一口渡
食寡生者眾此理新參達
州寧生本所魄建國十年來
敕保家衛國戰勝指土改復三年經
濟治有年計劃久歸律方針
悁樂擾要風俗運逢疆歡歌
破岳首女碩便指全國一模樣工農商

为中国书法正名

百年巨匠
Century
Masters
沈尹默
Shen
Yinmo

新中国成立初期，如何对待中国传统书法，还要不要书法，社会上存在很大分歧。随着国民党政权溃败，书坛各流派力量起了分化，身为国民党元老又是监察院长的于右任退居台湾，就使书坛原有的"南沈北于"双峰对峙局面起了根本性的变化。《草书月刊》在大陆销声匿迹，而草书运动的骨干人物如刘延涛也随于右任一起赴台，一时曾轰轰烈烈的标准草书社解体。于右任退出大陆，标志着自沈曾植以来以清代碑学和北碑行草日渐没落。

作为帖学书坛的主将，崇尚晋唐的沈尹默，在于右任那一翼被突然抽空而经过短暂的茫然四顾之后，他深感自己身负责任的重大，在对书法地位尚无定论的情况下，甘冒个人风险，毅然决然地挑起了重振书坛雄风的历史重任。

针对当时一些人指责书法具有士大夫的贵族品位，不为人民

1962 年，沈尹默在少年宫讲解书法

晚年沈尹默在进行书法创作

大众所热爱，对社会主义建设一无用处的错误观念；针对书法的阶级性问题，沈尹默撰写了《书法的今天和明天》，结合自己的亲身经历指出书法同一切文艺形式一样，进步与否主要看是谁掌握，为什么人服务。沈尹默说：

> 我以为汉字和图画一样，是为人民大众所爱好所欣赏的艺术品之一，这是毋庸置疑的事情，拿我近来接触到的情况来讲吧，不但老年人喜欢求人写字，就是青年人也是如此。我是一个书法爱好者，虽然没有多大成就，却已有 60 多年不曾间断的练习经验，被人们知道了这一点，我便陷入了应付不周的境地。不但常常有人要我写字，而且不断地有许多人 —— 其中大多数是学校、部队、工厂、商店的青年，来向我讨教，这种现象足够说明人民对书法的了解和需要。

他又从生活的实际出发说：

> 书法本来不仅仅是用在屏条、对联、册页、扇面上的，就是广告商标牌、肆招、标语、题签、题画之类，也需要有美丽的书法，有一定的宣传作用。我历年来为书籍、图片、出版社以及日用商品店、出口物资公司等处题了不少字，前年天津中国制药厂，要我替他们写 20 多种膏丹丸散名称的包装纸，据说以此来包药，与销路也有关系，这也是社会上需要书法的一个绝好的实例。

为了澄清有人否定书法艺术的错误观点，沈尹默在 1949 年后发表了近 20 篇文章。他一次又一次不厌其烦地直接指出或经过论证指出，书法是我国的优秀传统文化之一，不仅是艺术，并且是一种"最高艺术"，他认为书法的魅力在于："它能显出惊人的奇

百年巨匠
Century
Masters
沈尹默
Shen
Yinmo

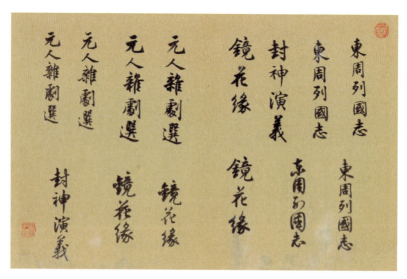

蘇軾詩選
敦煌詩集
中古文學史
中國文學論文集
白居易評傳
李白詩論叢
聊齋志異會註
李璟李煜詞

沈尹默题签（一）

東周列國志　東周列國志
東周列國志　東周列國志
封神演義　鏡花緣
鏡花緣　鏡花緣
元人雜劇選　鏡花緣
元人雜劇選　鏡花緣
元人雜劇選　鏡花緣
元人雜劇選　封神演義

沈尹默题签（二）

迹，无色而具图画的灿烂，无声而有音乐的和谐，引人欣赏，心畅
神怡。"针对有人因为西方没有书法艺术便怀疑甚至否定书法是
艺术的民族虚无主义立场，沈尹默进行了有力的批驳，维护了书

沈尹默题签（三）

法的尊严。沈尹默在《谈书法》一文中指出："我国人过去有些看轻自家文化，而崇拜西方文化的习惯，连我国文字不是拼音，不用横写，都觉得有点不对，何况把书法看作艺术，那自然是更加不对

百年巨匠
Century
Masters
沈尹默
Shen
Yinmo

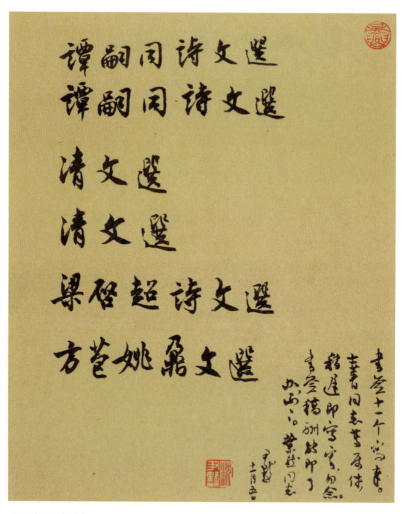

沈尹默题签（四）

了。你去试问一问稍懂得一点中国书法的朝鲜人和日本人，恐怕他们就不会这样说：'中国书法不是艺术。'"至于书法应该或者不应该提倡这件事情，我以为本来不是凭几个人爱憎的企图，也不是靠政府的一纸当废或者当兴的命令，所能勉强做到的。"这些锵锵有力的声音充分体现了他对中国文化的自信,对中国书法前途的坚定信念。

另外一方面,沈尹默具有的优势是,由于多年从事文教工作,与社会上层交往频繁,依靠自己与高级领导人交往的便利条件,为书法的生存而奔走呼吁。为了书法的重新振兴不遗余力,沈尹默可谓千方百计,借重他与周恩来、陈毅等高级领导人的私谊,为给书界进言争取合法地位,从不放过任何可以利用的机会。

沈尹默继夫人褚保权曾有一段回忆:

解放以后,为了推动和发展我国的书法艺术,尹默在其力所能及的范围内,做了不少工作。他还写信给毛主席,谈了自己对这方面的设想和计划。1959年,我和尹默去北京参加全国政协会议。会议期间,毛主席会见老年委员时,夸奖尹默"工作得好",尹默回答说:"我贡献

1956年,沈尹默向《文汇报》记者徐开垒演示正确的执笔方法

很少。"会议闭幕，周总理设茶款待。之后，陈毅同志又设宴招待我们。席间，尹默就如何发展我国的书法艺术提出了自己的看法，他对陈毅同志说："陈老总，新中国成立了这么多年，国际威望越来越高，围棋你倒很重视，有了组织，书法为什么不抓一抓呀？日本现在学书法的人很多，我们再不抓紧，今后怎么与人家交流？"陈毅同志很仔细地听取了尹默的意见和他的一些设想。我与尹默回沪后，很快就收到陈毅同志托上海市人民政府转来回音，说尹默的意见已向主席汇报，中央同意在上海成立书法篆刻研究会。

此后不久，华东局书记处书记魏文伯请上海文化局副局长方行和沈尹默在锦江饭店进行了仔细研究，1960 年秋成立了筹委会，1961 年 4 月 8 日，上海中国书法篆刻研究会正式成立，选举产生了主任委员沈尹默，副主任委员郭绍虞、王个簃、潘伯鹰，聘胡问遂为业务干部。首期吸收会员 87 名。上海中国书法篆刻研究会成为新中国第一个在党和政府直接领导下的书法篆刻专业群众艺术团体，她的建立立刻在全国引起较大影响，中国书法艺术的地位和作用在新中国得到了确认，扭转了一小部分人对书法的偏见，不能不说具有划时代的意义，并由此发轫，各地书法组织相继建立，群众性的书法创作不断活跃起来。

除公务之外，沈尹默每天上午九时至十一时自运书法，下午读帖或会客，八十年来从不间断。沈尹默集五十多年的书法实践和理论研究，直到五十七岁才推出《执笔五字法》，此后陆续发表《书法漫谈》《谈书法》等几十篇书法理论或通俗文章，从而打破了几千年来中国书法「用笔秘笈」口口相传、秘不示人的陋习，使得书法艺术进一步为广大人民群众所掌握和服务。

不会写文章人的文章

百年巨匠
Century
Masters
沈尹默
Shen
Yinmo

沈尹默从年幼时一个单纯的书法练习者，到爱好者，到书法艺术的践行者，书法理论的研究者，书法艺术的传播者，书法组织领军者，最终成为现代帖学代表人物，其间经过了80多年风风雨雨的历程。

记得北大一位留美的博士说过一句话，大意是"尹默不会写文章，也写不了文章"。沈尹默没有写过小说是真，也从不发表什么长篇大论，朋友们在一起谈话时，发言很少。沈尹默和这位博士不同之处在于，善于接受别人意见，哪怕是不对的也不轻易表态，小事不计较，大事不糊涂。

沈尹默本名君默，因当时有同名者又不轻易讲话，被人戏称

1961年，江庸、沈尹默、姚虞琴、商笙伯在上海书法篆刻委员会

之："何不将口字去掉算了，改做尹默。"沈尹默生性平和，凡事后退一步，但每遇大事却很有些点子。蔡元培主政北京大学前后征求了他的不少意见，同仁们都知道"北京大学很多捭阖纵横的大事其实他在背后起到了很大作用"。所以，周作人说朋友们送给他一个徽号叫"鬼谷子"，虽然不雅却也欣然接受，钱玄同背地说"这个诨名起的不好，鬼谷子是阴谋大家，这岂不是自己去找骂么"。

　　就是这位不会写文章的人，在半个多世纪的书法理论的实践和研究基础上，直到57岁（1940年），沈尹默才首次落笔写出《执笔五字法》。这是他终50多年的实践和研究，慎重落下的一笔。沈尹默不仅具有开创白话新诗的前例，这一篇采用白话文写的有关书法理论和技法的论述也是前无古人的。这是他读了张裕钊（廉卿）草稿一文后的跋文。十分谨慎的他，22年后，对此文又有再

沈尹默褚保权合作《鹧鸪天》

《执笔五字法》封面

跋，修正了原来的一些问题。正式的《执笔五字法》则是癸未（1943年）仲冬于成都发表的。其要点为：

五字执笔法是用擫、押、钩、格、抵五字来概括说明五个手指的作用，它强调五指各司其职，又通力配合，执笔稳健，使笔能上下左右灵活运动。

五指执笔法的要领是：指实、掌虚、掌竖、腕平、管直。指实，就是手指执笔要有力量，要实实在在地执住笔管，外侧四指相互靠拢，骨节向外，密实而不松散。内侧拇指中部骨节尤其要注意使之向外凸起，使虎口圆如马镫形，这样五指一齐用力，执笔既坚实有力，又有助于运笔。执笔要松紧适度。太紧，运转不灵；太松，使不上劲。指实，才能做到"毫无虚发，墨无旁溢，力聚管心，执笔稳定"。

掌虚，就是执笔时掌心要虚空，不能曲指塞掌，无名指和小指都不要贴到掌心，好像手心里握着一个鸡蛋。大拇指和食指间的虎口要张开大些。这样，运笔就能稳实而灵活。掌虚的目的是使手掌的筋骨肌肉放松，否则手指和腕部就会僵直、紧张，不利于运笔。

掌竖，就是执笔时手掌要尽量竖起来。掌竖才能笔直，笔直才

百年巨匠
Century
Masters
沈尹默
Shen
Yinmo

郎耶王獻之保母李名意如
廣漢人也在母家志行高秀歸
王氏柔順恭懃善屬文能草書
解釋老甫趣年七十興寧三年
歲在乙丑二月六日寑疾而終
仲冬朔望葬會稽山陰之黃閣
閟下殉以曲水小硯交嬌方壺
樹雙松柞墓上立貞石而志之
悲夫後八百餘載知獄之保母
官于茲土者尚　寫

沈尹默临
王献之《保母帖》

百年巨匠
Century
Masters
沈尹默
Shen
Yinmo

能锋正，锋正则四面势全，运转自如；否则，就会导致笔管歪斜，笔锋不正，笔画易成偏锋病笔。

腕平，是指手腕与桌面要平行。康有为说："欲用一身之力，必平其腕，竖其锋。"因为写字时是通过腕部将力量传送到笔锋，为了便于运腕，所以要腕平。腕平和掌竖二者是互相关联的。管直则锋正，这与运腕、掌竖有密切关系，掌竖、腕平、管直、锋正，加之悬肘用笔，既灵活又有力。因为运笔的关键在于腕力。

管直，执笔写字时要尽量保持笔管纸面垂直，使笔画容易保持中锋。但在具体的运笔过程中，笔管有时要有俯仰倾斜的情况，重要的是斜而能正，重心平稳。

需要说明的是，教材上执笔方法的图，笔管略微倾斜，因为在用毛笔写字的时候，笔管不是始终保持正直的，要随着起笔、行笔、收笔的过程不断变换方向。

不少人由于对执笔五字法的适用范围不清楚，而对其科学性产生种种误解，沈尹默最后特别指出：写四分以至五六寸大小的字是最适合的，过大了的字，就不可死守这个执笔法则，即便用掌握住笔杆来写，也无不可。目前这一科学的执笔写字方法已经在我国包括台湾地区的中小学得到普及，其中陕西汉阴三沈纪念馆被教育部命名推广应用执笔五字法全国中小学生研学实践教育基（营）地。

一改文风论书法

从历史上来看，中国书法的书写秘籍是历代文人墨客存身立命的法宝，因此藏于密室，私相传授，随着《执笔五字法》的问世，这一传统被打破。20世纪50年代以后，沈尹默陆续出版了一系列有关书法技法和理论文章。沈尹默曾评论孙过庭的《书谱》说："唐朝一代论书法的人实在不少，其中极有名，为众所知，如孙过庭《书谱》，这自然是研究书法的人所必须阅读的文字，但它有个毛病，就是辞藻过甚，往往把写字最要紧的意义掩盖住了，致

《历代名家学书经验谈辑要释义》牌记

《二王法书管窥》牌记

使读者注意不到，忽略过去。"因此沈尹默一改用羞涩难懂的文言文论述，凡是有关书法的理论论述一律采用白话文书写。

除去一些书法理论专著《书法论》《历代名家学书经验谈辑要释义》《二王法书管窥》等之外，沈尹默还写了《和青年朋友谈书法》《书法漫谈》《学书丛话》《答人问书法》《和青年朋友再谈书法》《书法艺术的时代精神》《怎样练好毛笔字》《文学改革与书法兴废问题》《谈书法》等等一批普及书法知识的通俗文章。

沈尹默对书学理论的最大贡献是对书写毛笔字方法的梳理。1940 年 11 月 18 日，他在《张廉卿草稿跋》中指出："昔人有言：古之善书者，鲜有得笔法者。"正是基于这一认识，他一辈子就是不只在为做一个善书者，不是只知其然，不知其所以然，作为一位真正的书家必须要掌握科学的笔法，为此花费了他毕生的精力。

《历代名家学书经验谈辑要释义》书影　　《二王法书管窥》书影

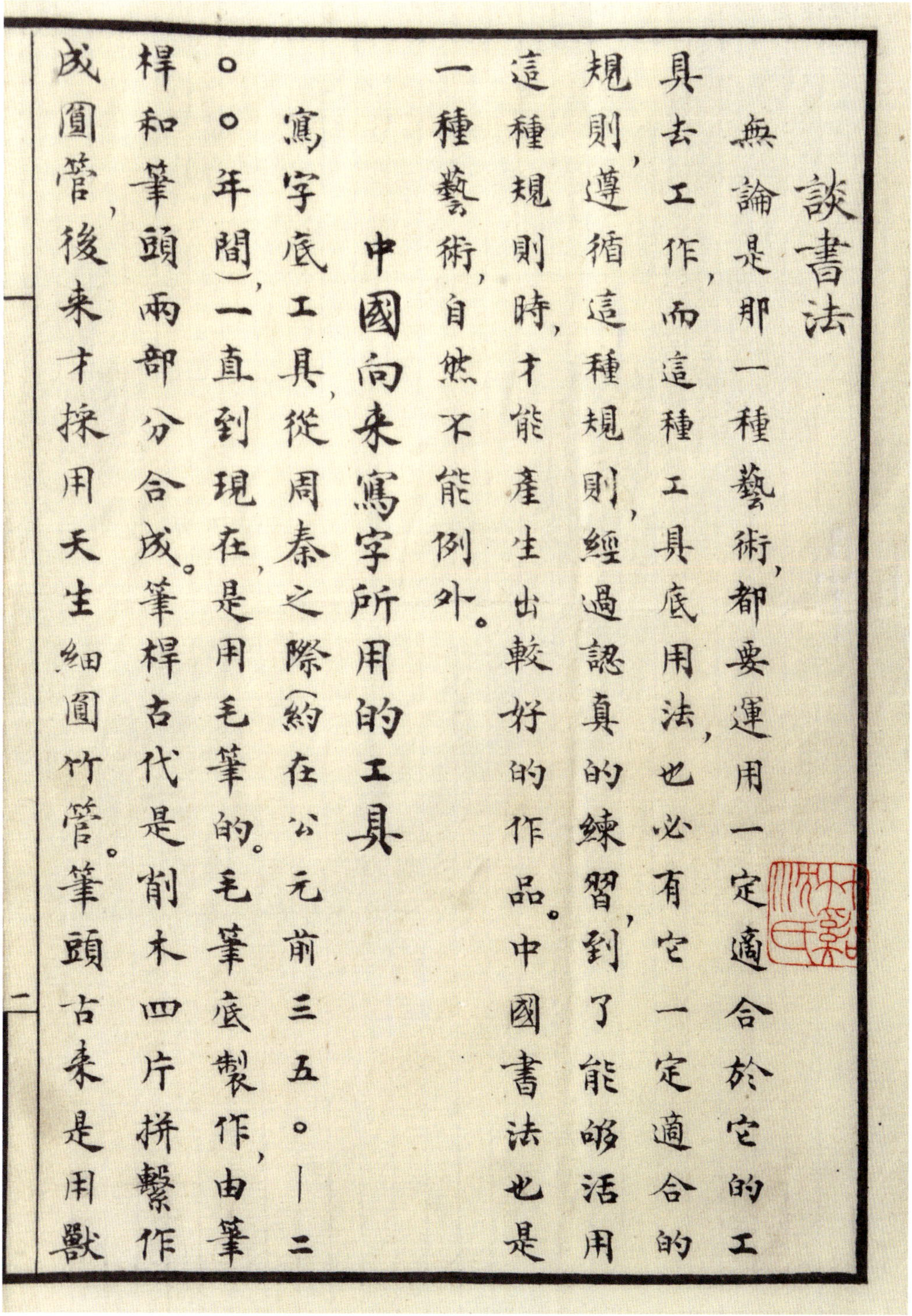

談書法

無論是那一種藝術，都要運用一定適合於它的工具去工作，而這種工具底用法也必有它一定適合的規則遵循這種規則經過認真的練習到了能夠活用這種規則時，才能產生出較好的作品。中國書法也是一種藝術，自然不能例外。

中國向來寫字所用的工具

寫字底工具從周秦之際（約在公元前三五〇——二〇〇年間）一直到現在是用毛筆的。毛筆底製作由筆桿和筆頭兩部分合成。筆桿古代是削木四片拼繫作成圓管，後來才採用天生細圓竹管。筆頭古來是用獸

二

《谈书法》书影

百年巨匠

沈尹默

Century
Masters

Shen
Yinmo

所以，他自 40 年代开始就致力于笔法要旨的研究。1943 年仲冬于成都写成《执笔五字法》，辨明"五字执笔"与"四字拨镫法"的区别。1952 年撰成《谈书法》，1957 年在《学术月刊》发表《书法论》，进一步系统论述笔法、笔势与笔意的关系。1962 年撰成《历代名家学书经验谈辑要释义》，1963 年撰成《二王法书管窥》，都是不断探索笔法的研究成果。可以说，沈尹默的一生都在致力于笔法传承与诠释的工作。《历代名家学书经验谈辑要释义》是沈尹默写于 20 世纪 60 年代初期的一篇鸿篇巨著，分两次发表。1962 年《历代名家学书经验谈辑要释义》只完成了一部分，1962 年 10 月 1 日由《光明日报》刊登先完成的部分，即唐韩方明《授笔要说》释义部分，以后完成的其他三篇释义陆续发表于 1965 年 8 月 20 日。当时，沈尹默已经 82 岁，可谓老而弥笃。

在另一篇《书法论》中，沈尹默讲："我国自来法书与名画并称，千百年来，人无异议，法书是艺术的一种，已有定评，本文不更论列。本文所论述的只有三端：一、笔法，二、笔势，三、笔意。"

沈尹默是笔头十分勤奋的学者，每日工作十分有规律，上午一般是 9 到 11 点写字，下午多是读帖、作诗、作文。近来发现了多部沈尹默未刊的书学论述，如《我的学书经历和书法群众化问题》《梁闻山评书帖广义》等。沈尹默生前曾计划出版一套三册书法理论丛书，上册唐韩方明《授笔要说》，从执笔讲起到笔法；中册包括后汉蔡邕《九势》、南齐王僧虔《笔意赞》、唐颜真卿《述张旭笔法十二意》，阐述笔势、笔意；下册则取苏、黄、米、蔡等家精华自成一体书论，宏愿未了，便溘然长逝。现在我们能见到的只不过是其中一部分。

第十章 老骥伏枥自奋蹄

作为现代帖学领军人物的沈尹默，平易近人，对于无论国家领导人或边远山区孩子的书写要求，他一视同仁，认真对待。他在书法艺术上的贡献和成就是多方面的，除去书写作品撰写理论文章，在书法组织和书法教育等方面均作出突出贡献。虽然生前计划出版一套四册书法理论书籍的宏愿未了，溘然长逝。但他奠定了基础，继承和振兴中国书法的梦想，在新时代正逐步得以实现！

身体力行传书道　少年宫里人未老

百年巨匠
Century
Masters
沈尹默
Shen
Yinmo

　　身教胜于言教，1960年上海书法篆刻研究会筹备组成立不久，沈尹默便身体力行带头组织书法家们在上海工人文化宫书写春联，为社会大众特别是青年工人演示和讲授书法。

　　沈尹默书写严谨，字无论大小，从不粗制滥造，雅俗共赏，曾为书法集书写大字"积玉"，为养子褚家立书写大字"凝静"等。1957年，沈尹默74岁，书写大字"造极"，谓："六朝人作大字奇逸温栗，无法有法，偶然欲书，辄寻吾契，看有合处否。"

沈尹默在工人文化宫书写春联

沈尹默临《伊阙佛龛碑》（局部）

沈尹默认为褚遂良的《伊阙佛龛碑》是练习楷书书法最好的入门字帖，他自己也曾临摹上百遍。

沈尹默为普及书法教育不遗余力。1962 年为在青少年中普及书法教育，上海科教电影制片厂聘请沈尹默为顾问，沈尹默推荐李天马先生主演片中教师，讲授"执笔五字法"。拍摄了中国第一部关于书法的科教片——《怎样学书法》。同年，上海教育出版社出版了沈尹默专门为青少年学习书法编写的习字帖《甲种本大

百年巨匠

Century
Masters

沈尹默

Shen
Yinmo

沈尹默晚年以近 2000 度近视为前来求书的青年朋友书写蝇头小字团扇

沈尹默在书写《祖国颂》

沈尹默为青少年书写《习字帖》

楷习字帖》和《小楷习字帖——毛主席诗词二十一首》。

沈尹默十分关心儿童教育。沈尹默在 20 世纪 60 年代以近 80 岁的高龄，在上海青年宫开办书法讲座，免费为少年儿童讲授书

《甲种本大楷习字帖》

《小楷习字帖 —— 毛主席诗词二十一首》

百年巨匠

Century
Masters

沈尹默

Shen
Yinmo

《儿童文学》第一期

科教片中李天马讲授"执笔法五字法"

法，当时有 400 多人参加，最小的陈梅璋只有 14 岁，后来成为对中日书法交流做出贡献的海派书法家之一。1965 年四川荣昌县富镇踏水桥耕读小学校长林传舜来信请沈尹默为该校师生题词，对于来自贫困农村学校孩子们的请求，沈尹默不仅书写了校牌，又书写了"团结紧张，严肃活泼"八个大字、鲁迅先生诗条幅以及毛主席诗词立轴赠送给该校师生，使该校师生受到极大鼓舞。

1963 年 8 月 19 日，冰心陪同一位日本作家访问上海，巴金和夫人萧珊陪同冰心拜访沈尹默，来到他住的虹口海伦路 504 号。巴金在当天日记中写道："三点前五分杜宣乘作协车来，约我和萧珊去和平饭店，找冰心同访沈尹默老人。冰心请沈老为新刊《儿童文学》题字，我请他写扇面，沈老夫妇好客、健谈。他不但给刊物题了字，为我写了扇面，还替我们四个人写了单条。楼外大雨不止，室内谈笑甚欢，沈太太还以点心和冰淇淋待客。"后来出版的儿童文学封面采用了沈尹默的题款。

柳曾符自告奋勇上前，沈尹默为其示范执笔

1962 年，上海市青年宫开书法班，通知中公布沈尹默、郭绍虞、白蕉诸先生将作讲演。柳曾符知道后，想要参加，其祖父柳诒徵出生于江苏镇江丹徒，是著名的历史学家，教育家，书法家，图书馆学家，20 世纪 20 年代，曾先后执教于清华大学、北京女子大学，与沈尹默是老朋友。新中国成立后，负责筹建上海博物馆。柳曾符听祖父说过，中国会写字的人很多，但沈尹默是做专门研究的，是名副其实的书法家。他便闯进少年宫书法班，

沈尹默为学生陈梅璋作业的批语
"下笔轻，着纸重""画平竖直"

得见沈尹默先生，见沈先生写四尺见方楷书大字，结笔转锋，无毫发之遗，十分敬仰。一次，沈先生问他："你写过米字没有？"他一怔："没有。"沈先生说："米南宫中年便定居镇江，你可以临'米书'。"以后，柳曾符觉得自己的悟性与米南宫相似，所以特别爱练米字。在沈先生家，柳曾符第一次看到沈老使用茅龙、竹丝、鸡毛作笔。沈先生还用竹丝笔为他写了一首唐诗："归山深浅去，须尽丘壑美。莫学武陵人，暂游桃源里。"勉励他认真学习书法。这段时期，柳曾符开始学习"二王"行草，临写《丧乱帖》。后来柳曾符任教复旦大学中文系，开设书法课，在国内外书法界获得了崇高的声望。应该说像柳曾符一样得到沈尹默悉心教授的青年书法爱好者还有许多，如叶建生、胡考、戴自中、周慧珺、周志高、陈梅璋等等。

书法艺术代相传 时代精神国为先

沈尹默以自己一生实践为书法的艺术特征做出了明确结论："世人公认中国书法是最高艺术。"沈尹默认为，"书法是一种善于表现人类高尚品质和时代精神的特种艺术"，"书法不但是有各种各式的复杂形状，而且具有变动不拘的活泼精神"，"现代书法，要开朗、飞跃、生动，我们要比前人写得好，书法要具有前人的法度，时代的精神，个人的特性"。

晚年的沈尹默

沈尹默在《论书丛稿》中再次强调道："凡是学书的人，首先要知道前人的法度、时代精神加个人特性，三者必须使它结合起来方始成功。"

沈尹默是这样说的也是这样做的。陈毅业余喜好诗词书法，与沈尹默交流颇多。上海档案馆浩如烟海的馆藏中，有一幅沈尹默赠给陈毅的长卷，特别引人注目。该长卷纵 0.27、横 5 米，书录沈尹默 1941 至 1943 年滞留重庆时的杂咏诗 53 首。其中一首云：

> 羲之笼白鹅，乃写道德经。
>
> 山阴一道士，亦遂声与名。

虽然同所好，正尔异其情。

运之形神间，谁复别重轻。

王羲之好白鹅。山阴道士想请他写一卷《道德经》，思忖王羲之不会轻易答应，便养了一群品种极好的白鹅。羲之听说了，跑过去看，一定要道士卖给他。道士说，我把这些白鹅送给你，只要你帮我抄一卷《道德经》就行。王羲之一挥而就。沈尹默写长卷送给陈毅，绝不是单单的私谊，而是因为陈毅和他所代表的党和政府给予了沈尹默这样的知识分子足够的尊重和关心，他们唯有发挥自己最高的艺术水平来表示感谢，感谢这个时代，真心地为时代讴歌。

新中国成立以后，沈尹默把为人民群众提供文化服务，作为自己应尽的职责。面对社会各界不断的题写书件、题款的请求，他总是尽量满足，其中大部分是无私无偿。人民文学出版社成立于 1951 年，自 1952 年开始陆续出版《水浒传》《红楼梦》《三国演义》《西游记》等四大名著以及其他有影响的古典小说《儒林外史》、《东周列国志》《封神演义》《聊斋志异选》等。1958 年系列丛书《中国古典文学读本丛书》出版了，其中包括《诗经选》《楚辞选》《先秦散文选》《韩愈诗选》《金元明清

沈尹默为人民文学出版社出版的"四大名著"题签

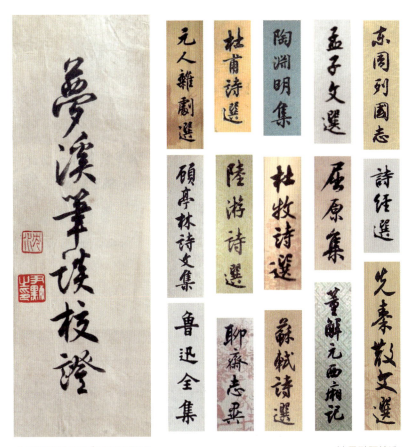

《梦溪笔谈校证》沈尹默题签　　　　　　　　　　沈尹默题签选

词选 》《 元人杂剧选 》《 长生殿 》《 桃花扇 》等 50 余种，四大名著也纳入其中。"中国古典文学读本丛书"的出版推动了古典文学在人民大众当中的普及，自开始出版至今，滋养了几代中国人。中国古典名著书名封面题签，用中国传统书法由书法名家题写，"内容"与"装潢"相得益彰，一书在手，可得到双重的审美享受。人民文学出版社请沈尹默先生题写"四大名著"及"中国古典文学读本丛书"书签，沈先生欣然接受，并为每本名著题写了多条题

签，供编辑选择。而出于对古典名著的尊重，沈老均未落款。因而大家百看不厌的名著，许多人至今还不知道是谁题的签。1987版电视连续剧片头"红楼梦"三字也出自沈尹默题笺。

收藏家张一鸣先生说，题签之难，难在字少而意远，不仅要求笔笔精到，而且要求变化丰富，做到畅而不滑，涩而不滞，一气呵成，筋脉相连，达到浑厚含蓄，精华内蕴的艺术效果。没有对书法深刻理解和深厚的文学功底，难入此等佳境。

以小窥大，仅从题签上就可以看出沈尹默先生对书法用功之勤，艺术积累之丰厚，笔法之娴熟，即使在宋元以后的书坛上也极为罕见。他不仅强调中锋运腕，笔画圆润饱满，文字立体感强，而且在整体驾驭上又举重若轻，游刃有余。孰优孰略，只要相比其他类似同样名称题签一比便知，无论意境还是美感，均难以企及。

《沁园春》

他的题签的确达到了"无色而具图画的灿烂、无声而具音乐的和谐"的境界。

沈尹默先生的书法作品不仅得到广大群众的喜爱，也为毛主席和周恩来总理所收藏。1963 年 11 月 17 日至 12 月 4 日，全国政协三届四次会议在北京召开，沈尹默出席并列席二届人大四次会议。会议期间，沈尹默撰写了《书法艺术的时代精神》，刊于《北京晚报》，次日《人民日报》转载。大会之余，陈毅设宴约请几位朋友小叙，除沈尹默外，还有马一浮、熊十力、夏承焘、傅抱石等人，席间谈笑风生，是年为毛主席 70 寿辰，程颂云（潜）赋诗一首，并约章士钊、马一浮、叶恭绰、沈尹默同贺，为此，沈尹默填《沁园春》词一阕，马一浮撰写楹联一副。宴会前沈尹默拿出此幅作品，请陈毅同志代为转呈毛主席，此作品后来收集在中南海珍藏书画集第一册第一页。

1962 年上海举办了沈尹默 80 寿辰书法作品展览，当时从 500多幅作品中选用了 120 件，在上海美术展览馆隆重展出。恰值因公来沪的周总理得知此事，特地在百忙中前来参观，参观后十分满意，并请沈尹默当场题写书法。沈尹默略加思考后，聚精会神地书写了毛主席《沁园春·咏雪》，由于当时比较拘谨，一幅写就后，沈尹默自己感到不甚满意，于是再次提笔，大胆挥毫，笔势纵横，一气呵成。沈尹默请总理择一幅，总理笑笑说："你写得这么好，我两幅全要了。"后两幅分别挂在总理卧室和办公室。

陈毅同志是我党我军的一位儒将，擅长诗文，经常与文化教育界诸老谈书论诗，一次在北京两会期间会下聊天，沈尹默才思敏捷，即刻成诗一首，回到上海特填《一枝花》词寄赠陈毅副总理：

百年巨匠
Century
Masters
沈尹默
Shen
Yinmo

《一枝花》

在京时，仲弘同志约与马（一浮）熊（十力）二老，夏（承焘）傅（抱石）诸公会食。席间，纵谈庄谐间作，所获良多。归来追忆及之，遂成此阕。仍用稼轩醉中戏作词韵寄奉，哂览即希指疵。

莫管八叉手，或者三缄口。世间原具备，量才斗。看卢骆杨王，何事争前后。名利迷人久。把柳锁打开，一切于人何有。

亿万遍、风来水面皱。值得频回首。多交些直谅，工农友。解观过知仁，且识是中否。割去肘间柳。治病救人，共畅饮回春暖酒。

沈尹默对请求书件的同志，无论职位高低贵贱，一视同仁。尤其是"两会"期间，来求"墨宝"的宾客络绎不绝，即使如此他也很少回绝，特别是对来自山区和企业的同志更是热情接待。1963年桂林地区文管会拟请沈尹默为叠彩山题名，文管会同志以为沈尹默先生威望太高，不好请求，信是托桂林市委书记黄云带来的，知道沈尹默不收任何礼物，最后沈尹默只收下他们执意送来一提广西沙田柚子作为答谢，他们原以为办不成了，没承想，沈尹默返沪后很快就答复了，1964年8月沈尹默题《叠彩山》寄到桂林，其中"叠彩"两字采用唐代石刻古体，与风洞其他石刻形成浑然一体。

沈尹默不愧为一位爱国诗人，一生用笔墨抒发对亲人、对祖国的爱。在国破山河碎的抗战时期，他客居重庆，时时思乡，曾作《忆湖州》六绝句。东归上海后，他将此诗装裱，一直挂在上海海伦路"秋明室"书房。诗中他赞美了湖州的十景，抒发了远在他

沈尹默题刻

1963 年 11 月 1 日，沈尹默为吴兴博物馆创作的书法

1964 年，沈尹默为叠彩山书写的题字

乡为异客的心境:

> 忆曾登眺弁峰巅,湖水漫漫欲浸天。
> 四十年中风浪阔,蜀江滩畔望归船。
>
> 碧浪湖心塔影长,道场山脚野花香。
> 当时疑借云巢宿,风恶惊涛不可航。
>
> 祭扫归来百感伤,十年去国恨何长。
> 春风又过黄泥岭,绿水青山草自芳。
> 摩肩彩凤坊头过,信脚骆驼桥上行。
> 落落几人真识我,淹留今始愧无成。
>
> 枕柳岘山为好春,和风相趁出南门。
> 已嗟逸老风流尽,更与何人共酒樽。

1962 年,沈尹默 80 岁时题诗于沈迈士所绘《太湖泛舟图》

门前系艇月河街，

也向华楼小住来。

梅雨年年倍惆怅，

东川一样雨肥梅。

1963 年重阳节，沈尹默参加西泠印社 60 周年庆祝活动后，怀着重返故乡的急切心情，在西泠印社社长张宗祥陪同下，以全国人大

1963 年，沈尹默以人大代表身份视察湖州

代表身份前来湖州视察文化教育工作，同行的还有时任浙江省委书记霍士廉、省府秘书长王黎夫等同志。走访中，他看到年轻的书法家李英所题"人民公园"四字榜书颇为赞赏。他不无感慨地说："从小生活在陕西，连成家也在外地，只是民国前住在老家一次，离别故乡已有 46 年，今日重返故里，真有少小离家老大回之感呀！"

时任湖州博物馆馆长的邱鸿炘后来回忆到：

沈老一行下榻在飞英塔之南、海岛之北的湖州宾馆。次日，沈老和夫人褚保权参观了博物馆。我与慎微之、张葆明三人接待，当时馆址在人民公园北隅爱山书院旧址（清末的湖州府学堂校舍），沈老曾执教于此。是日，还参观了墨妙亭、韵海楼、爱山台等名胜古迹。那天沈老在邻碧楼东厢厅给博物馆留下几帧墨宝，有"墨妙亭""韵海

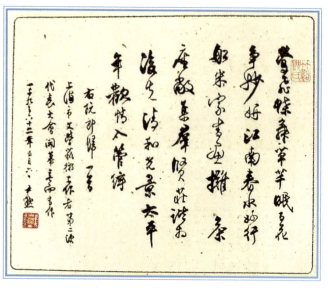

《文艺春天》 1962 年

楼"和《采桑子·清远湖山》书法立轴。词云:"眼明今
日湖州路,原野秋阳,新样风光、清远湖山见故乡。太平
时代人难老。八十寻常,文艺逢场。要为工农服务忙。"
沈老用笔墨表达了一代老知识分子的爱国爱家情怀,以
及要为工农大众服务的精神。

　　沈尹默利用手中的笔墨以满腔的热忱为人民服务,正如他在
下面一首诗中所描绘的那样,犹如百花丛中的蜜蜂辛勤的劳作,
犹如蝴蝶欢快地飞舞:

　　　　莺飞蝶舞草芊眠,百花争妙妍。

　　　　江南春水好行船,米家书画摊。

　　　　茶座敞,集群贤。

　　　　庄谐数后先,清和光景太平年,欢情入管弦。

　　　　右阮郎归一首

上海市文学艺术工作者第二次代表大会开幕，喜而为作。一千九百六十二年五月六日，尹默。

沈尹默生命最后的五年是在"文化大革命"的动乱中度过的，这场动乱既给国家和人民带来了一场空前的浩劫，也是他一生中最为不幸的五年。1966 年他因肠癌做了大手术，病体尚未恢复，便连续遭到抄家和揪斗。在一次揪斗会上，84 岁的老人被一个女造反派一个巴掌打倒，一头撞到墙上，眼镜掉落了，由于不准家人陪去参加批斗，看不到路，下楼时只好坐在地下一阶一阶蹭着下去。

然而，最大的痛苦不是肉体的折磨，沈尹默最为痛心的是把一生所写的诗赋作品，全部销毁，十多本诗词集，是他三四十年来精心书写的，还有不少朋友间来往的书信、历代名帖、拓本、书籍等等，量大繁多，特别是从重庆带回的两只藤箱内有原监察院的信签用纸和委任状等，一旦落入造反派手中，其结果可想而知。为怕引起邻居注意，也不敢烧毁，只好泡入澡盆，挤干后由养子褚家立半夜骑车，有的丢到苏州河，有的丢到郊区农田里。

沈尹默 1921 年为蒋介石母亲书写的墓志铭拓片因为写的太好实在不忍毁掉，学生戴自中将其剪开打乱重贴，放在抽屉中，原本想以后有机会再版，后来竟也不知所向。几十把精心书写扇子也陆陆续续丢失。

1967 年沈尹默身体已经十分衰弱了，眼睛已近失明。在养子的搀扶下，在十多天的时间里吃力地写下一些毛主席诗词和当时的流行用语，其中有写给桂林江东的横条"江山如此多娇"，写给上海陈庭槐八尺直幅"全心全意为人民服务"等。这是沈尹默最后的一批墨迹，全部是行草书。此后，病体愈加沉重。老友中央文史馆馆长章士钊先生闻讯后接连八次寄来药品，并将情况报告周总理，总理在 1971 年春的全国出版工作会议上问及沈尹默还能写字否？上海在"四人帮"的控制下一直不予传达，后来还是一位朋友告诉的，沈尹默听到后十分欣慰，怀着对春日生机的渴望，托着病体写下"同此凉热"。不久沈尹默就卧床不起，1971 年 6 月 1 日，一个雷电大作、风雨飘泼的日子，沈尹默在上海第一人民医院走廊里病逝，终年 88 岁。

1976 年"四人帮"被粉碎，经新生的上海革委会批准，1978 年 12 月 29 日在龙华革命公墓举行了沈尹默先生骨灰安放仪式，并为他平反昭雪，恢复名誉。仪式由革委会副主任杨凯主持，革委会副秘书长张苏平致悼词。巴金、张承宗、郭绍虞等有关方面负责人和家属、生前友好数百人参加。骨灰按其生前意愿撒入大海。 沈尹默清正坦荡正直的一生正如他鼓励青年朋友的一段话一样为世人所敬仰：

革命的事情要天天去做，重要的事情要耐心去做，未来的事情要准备去做，不懂的事情要虚心去做，大家的事情要带头去做，个人的事情要抓空去做。

工作繁忙时要细心些，处理问题时要慎重些，了解情况时要全面些，受到刺激时要忍耐些，碰到问题时要冷静些，遇到困难时要坚强些，待人接物要热情些，工作方法上要灵活些。

让我们继续完成先辈未竟的事业，为实现伟大的中国梦而奋力前进！

我的学书经历和书法群众化问题

《我的学书经历和书法群众化问题》是沈尹默写于一九五○年的一篇长文，近年被人所发现，以前从未公开发表过。文中沈尹默客观地自述了学习书法的心路历程。对于世人对自己书法的评价，沈尹默进行了理性的分析，对帖学、碑学、唐楷、行书、二王传统等重要问题都提出了自己的看法，认为书法普及和群众化是不可逆的时代潮流。在本文中沈尹默并表达出对书法的群众化十分坚定的信心。较之后沈尹默发表的一系列书法理论文章，本文观点更加鲜明，可以说是沈尹默书学思想成熟的奠基之作。本文略有删节。

我的学书经历和书法群众化问题

沈尹默

我对自己的书法在有一段时间里是很自负的。抗战的时候，不少热衷写字的朋友都蛰居重庆，免不了要办些讨论会和展览会，不过是些苦中作乐的自赏，也确实怀着坚守民族文化的心思。我自然是要参加这些讨论会和展览会的，以为必能收获有益的批评作为自己书法更进一步的助力，却不曾预想到它实在是让我迷醉的祸苗。有益的批评其数寥寥，名声和利益倒纷至沓来。朋友们说那些名声和利益是沈二多年勤劳练习的报偿，我也以为是深得我心的知音之言。那段时间里，我真就以为自己是个了不起的大书法家了。于是在一九四七年秋假，中国画苑又办了一次展览，拿了二百余件作品出来，都是自己觉得很得意的。如果说我之前参加讨论会和展览会还有虚心请教的想法，那么这一次已经完全没有了。当时的情形非常热烈，耳朵里都是赞美的声音。我的狂妄得到了最圆满的回应。夜静的时候，看着报纸上连篇的吹嘘，仿佛真就有一位大师站在面前。现在想起来，自己的虚荣心竟然浅薄到了怎样不堪的地步啊！然而就有那么一天，看着报纸上对我的临习北碑和溯源羲献再三再四的吹捧，猛的惊醒了。

我的书法被人质疑是四十年前的事情，一位朋友说我的书法其俗入骨，至今都让我脊梁发汗。那以后的约二十年光景，我苦练悬肘悬腕，为从根本上戒除原来旧的习惯和手腕柔弱的毛病。我差不多是把一切都推倒重新来一遍的，虽然辛苦极了，但终于

我对自己的书法在解放一段时间里还是很自负的，教我的时候
不少这基本写字的朋友都整居来庆，免不了要两些讨论会来
发现食、不过还世费中作堂的自负、硕实怀着坚守民族
文化的心思、我还是当起来如这世甘愿一步的助为、那不肯
的的覆青画的批评你为自己青锋越益坚强而也害此
强起不是实在在让我迷珠的祸苗、青画的批评是教常し、
名锋和利益你们至曹来、朋友们记那些名锋和益这沈心
多年勤劳便君的阅读、我也四为坚保得我心的和善しそ
那段时间裹我虽然心为自己在個与无想的五青很宗了那五
在一九四七年秋假工囲画花五两了一次展览、穿了二百副傈作
正当来都五自觉得很得意的如果说我し前举办讨论会和
展览的情形的那腐这一次已便完全没有了、
考情的情形那种市热热年朵衰都五赞美的静香我的狂

百年巨匠
Century
Masters
沈尹默
Shen
Yinmo

朱翼盦先生

坚持了下去。先是练习北碑，那时候练习北碑的人很多，不仅是书法家，社会上一般商店的匾额如果不是用碑体写的，主人家和顾客都会觉得不太正经。北朝的墓志出土了很多，我能得到拓本，见识多了，对练习书法自然大有裨益。如此五年上下，我手上的力量显得大了些，悬腕悬肘时都不再觉为难。悬腕悬肘的最大好处是能把眼界扩宽，手的挂碍因此而被清除，心和眼和手都获得了极为广大的自由。大约又过了五年，我忽然发现一个问题，这个发现对于我后来的书法理论有巨大的影响，而又为一般人士所不知。我的发现是，北碑书法从清朝的乾隆嘉庆开始兴盛，到现在有二百年的时间，它经历了从精气敛束到粗鄙张狂的根本变化。近来的北碑家们更加的不像话了，竟想把狂怪和恶俗当作最美好的趣味，把能描摹残碑断碣上的剥蚀破碎当作最大的本领。我一边日夜临写北碑，一边惶恐不安。总是有碑学碑体行将没落的担忧，渐渐的就滋生出了追本溯源的念头。这个时候我已经到北平教书，认识了收藏家朱翼盦先生。有一次，翼盦先生给我看他收藏的宋拓本《东方朔画像赞碑》，吃了一大吓，顿时呆了。《东方朔画像赞碑》是唐代颜真卿的名笔，我自己有石印本，也见过古董家们视若拱璧的名贵拓本，自以为是

颜真卿《东方朔画像赞碑》

再熟悉不过的，然而翼盦先生的这一本才使我知道以往所知所见的多是翻刻的伪本，或者是重刻后肥厚不堪的劣本。翼盦先生的宋拓本使我第一次看到了《东方朔画像赞碑》势状的雄强和笔法的精切，简直震眩失措到了汗流浃背的地步。

　　唐碑在清代是有过耀目的历史的，但是到碑学兴起之后，唐碑反倒被碑学家们抛弃了，连带着"唐四家"都没了生气，很少人去注意他们。我那时慑于碑学家们的大名，丝毫不敢有自己的思想，对于唐碑绝不在意。翼盦先生的珍藏彻底把我从碑学家们的威势里面拯拨了出来，埋在心里十几年的疑惑一下子都明了了。对碑书从北朝到隋碑到唐碑的嬗变过程霎时都清楚了起来，我立时便对翼盦先生说了我顿悟的结果。翼盦先生高兴得不得了，又

李阳冰《三坟记》

百年巨匠
Century
Masters
沈尹默
Shen
Yinmo

拿出十几种唐碑来让我看，都是煊赫一时的名品。可惜不久我就南下迁居上海，没有能在翼盦先生那里得到更多的教戒。要知道看玻璃版和摩挲宋拓本是全然不能相提并论的。失去如此好的揣摩善本的机会，旧的碑学势力复又把我裹挟了许久。我常常想我的书法进步很慢，与我总是被俗务纠缠却不能专心学习是有关系的。翼盦先生的几句话我至今还清楚的记得，他说北碑野而放，一般都认为它多半是经过工匠雕琢的缘故，其实北朝的书家对于书法的理解不够深邃。他们对毛笔该怎样去运用也少有正确的认识，这才是北碑欲工而不能的真相。把书法家没有做好的责任怪罪到工人的身上去，是不公平的。翼盦先生说："如果工人能决定文艺的高下，那么文艺家们的职业岂非太容易去做了？"这句话自然是资产阶级思想瞧不起人民艺术的见证，但是说文艺家应有他自己的职责和不同一般的认识则是完全符合唯物主义观点的。受了翼盦先生的启发，我立刻发现唐碑无不出自书法家之手，都是有姓名可知的。唐代的书法家非常幸运，在他们的时代，楷书日臻完善，关于楷书的法则正在被发明。唐代的书法家珍视新发明的楷书法则，自觉把这些法则运用到作品中。他们的作品笔法森严、结构整饬，历来书论家艳称不已的法度就这样建立了起来。碑学家有一种奇怪的观念，他们觉得北碑的斑驳诘屈是活泼有趣的，却把唐碑的法度和严谨视为拘束无聊。现今碑体愈发的荒诞放漫，欲把一切的规矩都破除殆尽，便是轻视唐碑所致的恶果。

　　虞世南、欧阳询和颜真卿一样，都是最讲法度的。颜真卿是中国书法历史上伟大的书法革命家，他在写出了《多宝塔》这样的旷世杰作以后，没有停下革命的步骤。真正的艺术家是永不会满足的，政治的和艺术的成就都没有让颜真卿感到满足。二千年

百年巨匠
沈尹默
Century
Masters
Shen
Yinmo

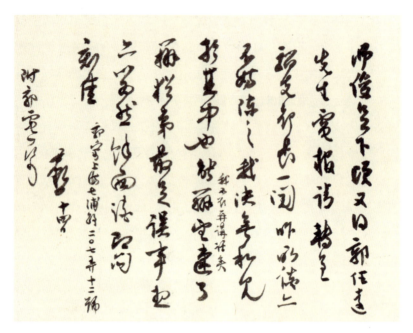

沈尹默信札

来有不可计数的文艺家都曾经获得各种名声和利益，在这些名声
和利益面前，几乎全部的文艺家都会迷醉其中。明代的高启有两
句诗说"三杯不觉已陶然，此身竟到无何有"，讲的就是这种情
况。我深受其害，体验最切，所以有资格来批评，因为这样真正的
文艺家是极少的，书法亦然。真正的书法家其实是没有几个人的，
颜真卿是真正的一直在革命的书法家，他不满足于楷书只有理法
气度，于是把目光投向了上古的籀书和篆书。在这个问题上，颜
真卿是有家传的，他的伯祖和祖父都是中国历史上有名的文字学
家，同时代的篆书家李阳冰和颜真卿是好朋友，颜真卿书丹的碑，
篆额的工作大多是李阳冰来做，他们两个人互相欣赏和学习，是
唐代书法能够前进的最幸运的事情之一。颜真卿晚年的楷书里面

把古籀和古篆都锻冶了进去，比他自己早年楷书的圆活润泽已经大不一样，比虞世南、欧阳询更是有了完全的变化。颜真卿晚年的楷书讲求势的取向和力的运用。笔画线条更圆且凝重，笔力雄浑，精气浓郁到胀满。晋卫夫人《笔阵图》说"善笔力者多骨，不善笔力者多肉"，把多肉微骨者称之为墨猪，而把多骨微肉者称之为筋书。后人把颜体称作筋书是很贴切的褒扬。不懂文艺的人或许会说这样并没有如何了不起的地方，我劝他们要多读些书。明代的王阳明说："精气日足则筋力日强，聪明日开。"文艺不是拿来作消遣用的，书法也不是无聊阶级的故作姿态，它们是要用来开聪明、增长才干见识的。我们满足于名声和利益，只把书法拿来作炫耀，不惮于用最荒谬、最丑恶的技术去伤害它，以致精气不足，筋力不强，聪明自然不开，才干智识又能从哪里去增长起来呢？中国古人发明书法，平日的生活的需要之外，实在是有深旨存焉的。颜真卿的筋书简直就是碑书，其高明之处却在他知道学养淬厚，其道盎然的道理。颜真卿把北碑的寒野用厚貌深文去加以锤炼，在北碑嶙峋的枵骨上套了一件厚重的胖袄，所以晚期的颜体书法敛锷韬光，大气磅礴，比他自己原来在法度中求壮阔的束狭格局要高明许多。这样的一个境界，我认为才是碑书发展的前途方向，且是唯一的前途方向。用成语来讲，它便是"神安气集"。赵孟頫说苏轼的法帖肥而无墨猪之状，外柔内刚，如棉裹铁，正是最恰当的解释。我还想加上四个字，就是"如铁裹棉"。那样一件胖袄，万万不可邋遢油腻，一般意味不到这一层。所以学颜的人很多，却往往在外形相似而又断然不似上面惊诧莫名。

　　我的楷书大家一致认为是从唐代的褚遂良而来，这不尽是无根之说，故让我无由申辩，因为练习北碑和颜楷得久了，常会害怕

百年巨匠

Century
Masters

沈尹默

Shen
Yinmo

下笔便敦厚迟重，失了笔锋提按使转的飘洒轻灵，于是把褚遂良的《雁塔圣教序》和《伊阙碑》当作矫枉之资。清代的碑学家阮元、包世臣等人持书法南北分派之说，都说褚遂良是北派的书家。我一向对这个说法很不以为然，更对前人将褚遂良看作是北派书家感到不可思议。因为再明显不过了。褚遂良固然不能说是南派，但和他们说的其他北派书家也不是一个路数。有唐诸家都竭力要把前代书法中的隶意和碑笔剔除干净，希望创造出纯粹的楷法，惟有褚遂良在反其道行之。褚遂良在楷法大体鼎定之时，仍不舍得抛弃八分隶字的笔意，只是他的行笔更轻巧灵便，且绝不滥用，所以一般人不太引起注意。褚遂良的书法还有一处和唐代诸家不同的地方，他对点画的阴阳向背神解独到，所以他的书法有唐体的庄严气象，且灵活不滞，有步步生动的清趣。这些勾起了我的好奇之心，于是有一段时间是认真学习过的。褚遂良的字有他独特的构造和风骨，像我这样有一点书法底子的人去临写他的字其实不难，很容易就可以小有所成，拿出去颇能够吓唬住一般的不明就里的群众。我自己知道我在褚书上所下的功夫是很有限的，远不能够写出褚书的秀润和精巧感觉。苦水顾君性情敦谨，也以为我对褚书有精深的练习，故常向我请教，实则顾君的褚字绝肖原作，下笔神似，当世罕有其匹，不是我所能及的，只是我的名气似乎大些，于是我的褚字也趁势变得功夫深湛起来。顾君因为算是我的弟子，一般舆论便认为他绝然是不能比我还要好的。说起来真是一件可笑的事情，却可悲得到了极点。

我的行书是抗战前后才开始正式学习的，主要学习的是颜真卿的《争座位》以及宋代的黄庭坚和米芾，其他历代名家的法帖也临过一些，但多不能坚持，惟有这三家是不曾废辍的。大概的

群众创造太极拳融会辩证静坐功心理主理都蕴括力学兵法也贯通老病妇孺皆可练医疗

体育价值兼誉备爱摒弃技巧锻炼推手兴味浓拳架推手掤辅行却病延年莫宗技艺别有

理法传疗病动作贵轻松放松肌肉解制呼吸深徐运归丹田健得爱研究融唱石字也

推崇由疏入密一生到三乘摩运依次穷初慢后快一气流行走蛇龙动贵九分神十分

如停非停无始终八音运气主运身以轻非轻脉冲酬初练转圆要宽大功久转圆渐收揽

收小引浸圆时聚小脱化妙用洪每日细玩太极图一开一合在我跬果然谢得懂拳打万遍神

卅六宫手中日主画太极圆辩如是运池运多停务法在真法通了兵法拳理懂拳打万遍通神

理现缠绕进退仙旋风太极者变妙入神平贵使力贵玲珑妙变神机无滞形揆者一榜采

雷动山足功夫前后境苦施搬掤捋掫摧求懂劲数盖对吞施搬擒纵徐一引道人

莫晓渐悟深留苦难弓不丢不顶门消息都连粘随只膺笼蛛网缠缠膝黏物小条制对形

浮客聆金化发不聞力争混短连推手和平增圆结竞赛软似见串逢随时随地随

意练幼年练到白头省不需场地和设备提倡节约便则周主席倡练太极拳爱其方圆

舒体中日主打拳常推手人民健康圆运隆

留鲁迅同志□□遍见遍示此一九五七年三韵于河内所作诗太极拳三十二韵居廪典胡志明主

席者八其情谊得题□□□书□毕

一九五八年五月廿六书于北京寓 徐特立

百年巨匠
Century
Masters
沈尹默
Shen
Yinmo

《山谷题跋》

秩序是先黄再米后颜。慢慢的熟悉了，就没了个秩序，夹杂的写连自己也不知道到底是把哪一个当作模范了。间或还按自己的想法囫囵着去写，一般说的个人风格竟然也渐渐有模有样起来。很多人说我的行书是学的"二王"，大概看见过我临写过几遍《兰亭序》的缘故。其实"二王"书法结体高古，临写也只能仿佛其七八，依意创作却是万难之事，二三分相似之后便再不能精进了。所以我一早就放弃追踪"二王"。说我的书法宗"二王"应该是谀词。历来的书论家最喜欢说的就是这句话，没有哪一个书法家敢说自己是不学"二王"的。在不知怎样去批评一件书法时说它是"二王"的苗裔，大概是最没有风险的，也是作者和观众最乐于听到的话，我却深以为耻。对自己的行书，我总是不太满意，因为楷法影响的痕迹太过于深重。在写行书的时候，笔锋使转往往不够流畅，到处都能显出牵强来。不够流畅又会显得行笔拖沓，笔力柔曼，结体便不能紧凑，气息便不能绵长。这些都不是练习过北碑就能改进的。多练北碑也许倒要起相反的坏作用。如果天假我年，再多些时日，我应该是能把这些短处一一改进的。我也曾临习过篆隶、八分诸体，但是只作了解之用，没有下过太多的功夫，因为笔法迥殊。我认为它们对楷书和行书的学习能帮助不大，太过的钻研甚至有害处。王羲之和赵孟頫都是中国书法历史上的全能书家，但何曾听说王羲之写古籀和篆书呢？赵孟頫虽然写过六体《千字文》，但那其中的篆书和隶书与楷、行、草书比起来，水平的差距是要以道里计的。列子说："天地无全功，圣人无全能，万物无全用。"俗语说"术业有专攻"，又说"不搏二兔"，都值得书家们再三去领会。

现今的问题是如何团结书法界的同仁一致完成文艺为人民服务的要求。别处的情况不太清楚，上海是比较混乱的。不仅书学水平有参差，门第宗派观念盛行，人员成分也很复杂。在国民党反动统治时期，封建地主阶级和官僚资产阶级及至帝国主义分子附庸风雅的情况非常多。拿书法家的名头招摇过市的人如过江之鲫，封建时代养成的文化人、被帝国主义思想灌满了脑袋的洋博士，都还要把书法说成是玄而又玄的东西，以显出他们的高人一等。一般人士也颇喜欢出钱找所谓的社会名流写墓志、寿辞、匾额等等，觉得这样可以显出自己的身份地位。何谓书法？何谓好的书法？早已经被反动阶级和庸俗的市井观念弄得胡涂不堪了。我这几日拿这些问题与谢稚柳和白蕉诸君进行了讨论，他们都是朝气蓬勃的青年俊彦，是中国文艺的未来希望。白君是近些年我所见书法天分最高的人，对"二王"理解通透，以"二王"体写的

百年巨匠
Century
Masters
沈尹默
Shen
Yinmo

黎明即起洒扫庭除要内外整洁既昏便息必亲闭锁门户必亲自检点一粥一饭当
思来处不易半丝半缕恒念物力维艰宜未雨而绸缪毋临渴而掘井自奉必须
俭约宴客切勿留连器具质而洁瓦缶胜金玉饮食约而精园蔬逾珍羞居身
务期俭朴教子要有义方莫贪意外之财莫饮过量之酒与肩挑贸易毋占便宜见
穷苦亲邻须加温恤刻薄成家理无久享伦常乖舛立见消亡兄弟叔侄须分多润寡长幼内
外宜法肃辞严见富贵生谄容者最可耻遇贫穷而作骄态者贱莫甚乖僻自是悔误必
多颓惰自甘家道难成狎昵恶少久必受其累屈志老成急则可相依轻听发言安知
非人之谮愬当忍耐三思因事相争焉知非我之不是须平心暗想施惠勿念受恩莫忘凡
事当留余地得意不宜再往人有喜庆不可生妒嫉心人有祸患不可生欲幸心善欲人见不
真善恶恐人知便是大恶立身行己守分顺时为人如此庶乎近焉

右朱柏庐治家格言书时人官往往挹彼注兹顾事半倍功论平日作秋社会之用故抄示册刊倘含古昔时代和阶级之
观点然提倡勤俭爱物仍有因袭迷信与五爱三好之嘉言师古者之利俗合辙会方有资致也
述之先生存书即希正之

《朱子家训》

192

作品形神俱肖、气息连贯、绝无半点的挂碍和不合理的地方，颇有六朝意韵风度。我练过"二王"，懂得个中的难度，所以对于白君是有很多期望的。白君有名士风范，却还愿意和我这个衰朽之人讨论书法，言语间也绝无半点不尊重的地方。谢君出身名门，是钱名山的学生，有近十年的时间和我住隔壁，来

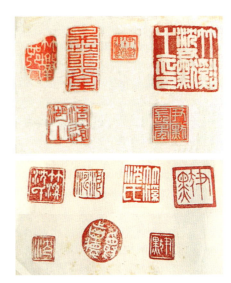

沈尹默部分常用印

往很便宜，交谈起来较少顾虑。他们能很好的代表各自的一方面，起先我以为他们对待书法群众化问题会有不同的态度，讨论的结果却让我很觉意外，他们都认为书法是一门高妙的艺术，要具高明的技巧，书法家要有比一般人更高深的文化，且非一朝一夕所能蹴就。

……

有人问书法能否成为一般人民的艺术呢？我以为它已不是一个问题了。书法本就是人民的，我们曾把它从人民手里剥夺走了，现在人民要把它拿回去，其实是不必通知我们的。以此之故，我们必得发展为人民服务的思想，必得发展人民的文艺。毛主席在《论持久战》里面说："动员全国的老百姓，造成陷敌于灭顶之灾的汪洋大海。"这一句对抗日战争来说的话，放在当前也还是有用的。上海书法界的同仁们，须得认真的想一想这句话的意思。我

劳动人民所创造出来的，就应该说是他们创造
来，封建地主阶级资产阶级虽然有人会搞，也一服人民把
那不来的书法变成，我要问，这些一体会搞，这在上若搞过
官颜势何，还在把字写在平作为条上四肢程的时候，古代以
来俗劳动者消研造过帮的科学摘生呢，考一千多年前的
先民创造帖字的时候，那意有甚麼寒最主观它他们
呢，就主席说，青年多知识少，他们自以为很有知识大振
其知识少了，而不多通这种架子，不好问，这意以阻拦他
们前进的，他们应该知道这样一个美现，就是许多知识少
虽比较常多知的，工农分子的知识，为什後你比他们多一点，
很多知识分子虎，一会觉不服气，石它但不服气，百至回故他
们道任有究，令的许多知村建的壮年主义的宋篇中拆脱
出来。

一九五○年七月十六日 于上海

《我的学书经历和书法群众化问题》手稿卷尾

沈尹默使用过的笔墨和眼镜

自己曾作（做）过一点书法总结的工作，积攒了些材料，起先用的也是所谓传统的方法，写过一些题跋，在几本书上作了些批语，文字也是文言，现在看来这些工作根本就是无功的。

……

今年以来，我把原来的工作做了整理，准备重新开始，以发展人民的文艺思想，希望能够得到些真正进步有益的结果。

人民需要甚么样的书法呢？以前总是把帖学与碑学对立起来，我自己就曾经把碑学当作锻炼手腕力量的方法，其目的还是为了学习帖学，其实它们是中国书法进化的不同阶段。我从研究颜真卿书法发现了这么一个真理，现今大家都在学习唯物主义的社会发展理论，对这样一个真理自然是不以为怪，但旧时代的文艺家们却很少理解到它。旧时代的文艺家对碑学有着很多的误会，近一百年以来，碑学书法已经入了魔了，这样的碑学书法与群众的革命审美观念是绝不相容的，断然不是人民所需要的。秦汉碑碣和北朝碑铭字体方拙，又因年代久远而剥蚀破碎，显见得也不适宜普遍的学习。敦煌出土了六朝以迄唐代的历代珍贵的手抄本文献数万余件，其中只有极少的篆隶，大部分是楷书或者行书，说明帖学盛行于民间。一般人民的日常来往都能熟悉运用帖学书法。如果加以细致的考证，甚至会动摇封建文人认定的帖学是由王羲之、王献之父子二人开创的观点。这就好比《后汉书》说纸是蔡伦发明的，而现在证明，中国古代劳动人民在蔡伦之前早已经发明了纸，蔡伦只是造纸技术的改良家。虽然蔡伦不过是个宦官，但他也是封建统治阶级的一分子。封建地主阶级和官僚资本主义文人是绝不肯承认纸这样伟大的发明竟然出自被他们蔑称为黔首的贱民之手的。跟随蒋匪帮跑到台湾去了的国民党反动派御用文人易君左，编过一个小册子，旁征博引后信誓旦旦地说："可见最初发明纸的是蔡伦。"正是他们不甘心将统治权拱手还给人民的最好例证。帖学亦是如此。敦煌出土文献和其他考古的成绩终将会把"二王"从书法传统的最高宝座上掀翻下来，"二王"的功绩也仅仅在于改良。因他们是东晋的贵族，又得到过唐太宗李世民的吹捧，惯于匍匐在封建皇权下面的地主阶级文人，把他们抬举成帖学的祖师爷，根本上说是要给自己脸上贴金箔。我在前面已经说过了，"二王"的书法其实是不好去学习的，我说自己对中国历代的书法家都还算比较熟悉，大家应该都不会反对吧！我的印象里面，那些将"二王"挂在嘴边的封建时代的书法家们，真就没有几个是完全按照"二王"定下来的规矩去写字的。他们也知道"二王"的字是学不来的，只是都不去说破罢了。我们破除对"二王"和帖学的迷信，知道帖学原本就是古代劳动人民所创作出来的，就应该将它还给今天的工农兄弟。封建地主阶级和官僚资本主义文人会担心一般人民理解不来的书法奥义，我要问一问，这些高高在上者，当达官显贵们还在把学富五车作为无上的荣耀的时候，有谁去给劳动者讲解过纸的科学构造呢？当一千多年前的先民创造帖学的时候，那里有甚么奥义去规定他们呢？毛主席说："有许多知识分子他们自以为很有知识，大摆其知识架子，而不知道这种架子是不好的，是有害的，是阻碍他们前进的。他们应该知道这样一个真理：就是许多所谓知识分子其实是比较最无知识的，工农分子的知识有时候倒比他们多一点。"很多知识分子听了会觉得不服气，而这个不服气，正是因为他们还没有完全的从旧的、封建的、资本主义的牢笼中挣脱出来。

一九五〇年七月十九日　尹默

参考书目

◎ 刘半农：《唐韩致尧香奁集》，北新书局，1926 年。

◎ 沈尹默：《秋明集》（上下册），北京书局出版，1929 年。

◎ 刘半农编《初期白话诗稿》，北平星云堂出版，1933 年。

◎ 沈尹默：《入蜀诗词全集》（山居、短蓠等五册），未出版，1939–
1946 年。

◎ 沈尹默：《胡适这个人》，未出版手稿。删节版见 1951 年 12 月
16 日《大公报》。

◎ 鲁迅：《鲁迅日记》，人民文学出版社，1976 年。

◎ 沈尹默等：《现代书法论文选》，上海书画出版社，1980 年。

◎ 沈尹默著，马国权编《沈尹默论书丛稿》，香港三联书店，1981 年。

◎ 沈尹默：《沈尹默书法集》，上海书画出版社，1981 年。

◎ 吴耀辉、卢之章编《尹默二十年祭》，北京燕山出版社，1991 年。

◎ 张充和编《沈尹默蜀中墨迹》，广西美术出版社，2001 年。

◎ 沈尹默：《海派代表书法家系列作品集 —— 沈尹默卷》，上海书
画出版社，2004 年。

◎ 周作人：《知堂回想录》，安徽教育出版社，2008 年。

◎ 沈尹默：《晋韵流衍 —— 沈尹默书法艺术精品特展集》，河北教
育出版社，2009 年。

◎ 沈长庆：《沈尹默家族往事》，中国文史出版社，2013 年。

◎ 杨天石主编《钱玄同日记》，北京大学出版社，2014 年。

◎ 郦千明:《沈尹默年谱》,上海书画出版社,2018 年。

◎ 沈尹默:《秋明随笔》,中国文史出版社,2018 年。

◎ 沈尹默著,张一鸣、杨晓青编《我的学书经历和书法群众化问题》,浙江人民美术出版社,2019 年。

◎ 沈尹默著,张一鸣编《梁闻山评书帖广义》,浙江人民美术出版社,2019 年。